[監修]
京都市文化市民局文化財保護課

祇園祭創始一一五〇年記念

祇園祭 温故知新

神輿と山鉾を支える人と技

淡交社

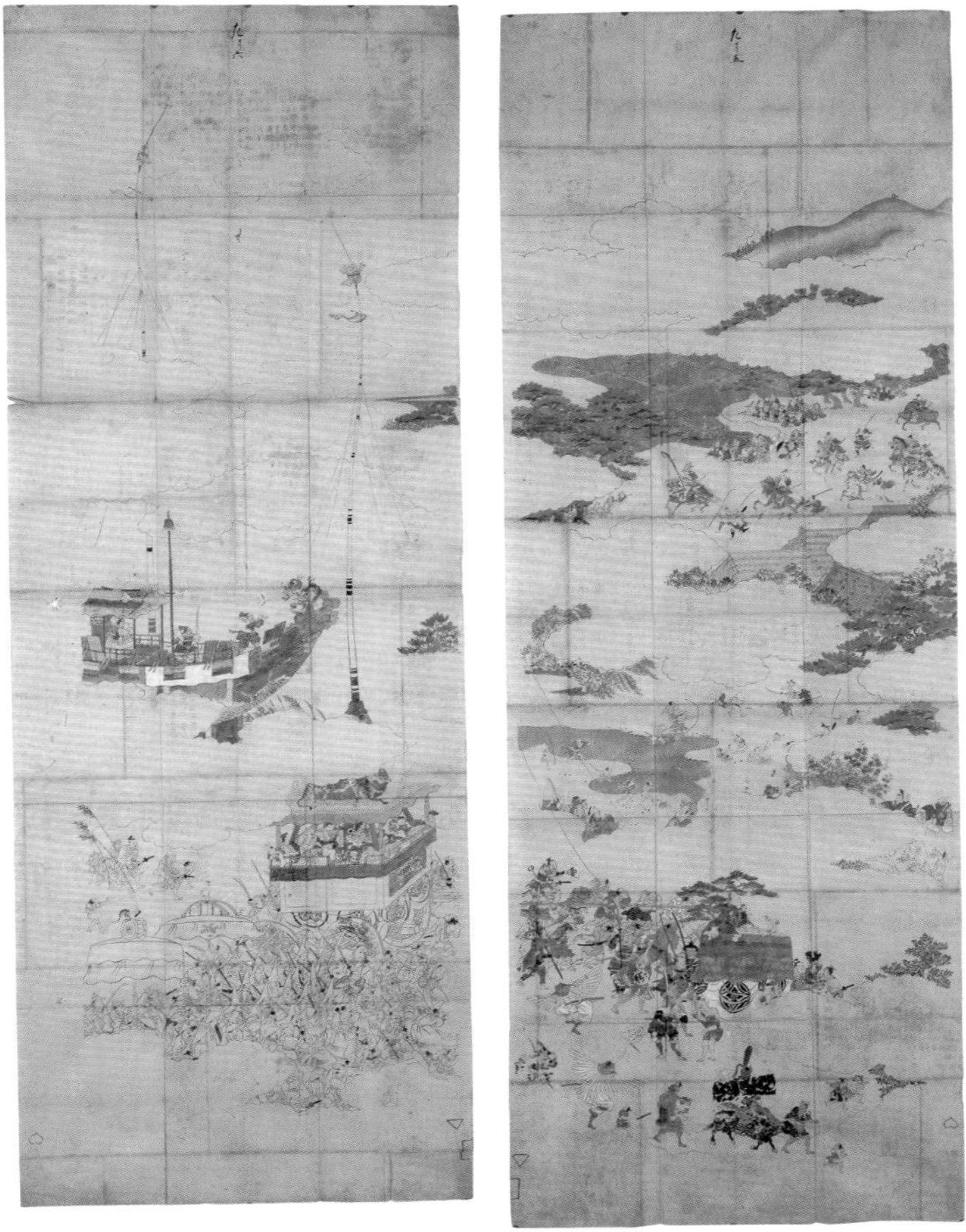

月次祭礼図模本 伝土佐光信筆 19世紀(原本:室町時代、15世紀)
東京国立博物館蔵 C0004943 Image:TNM Image Archives

祇園祭 前祭　船鉾の辻回し（撮影:松田彰）

祇園祭 後祭　四条通を進む山と鉾（平成26年7月24日）

祇園祭 後祭 還幸祭の神輿渡御（令和元年7月24日）
祇園祭創始1150年を記念して、神輿3基（中御座・東御座・西御座）が揃って四条大橋を渡り、八坂神社へ向かった

元離宮二条城（中京区）で行われた京都市内各所の剣鉾差しの実演
（令和元年6月8日　撮影:中野貴広）

7月17日から24日にかけて八坂神社御旅所に奉安される神輿

修復竣功後の疫神社(令和元年6月27日、八坂神社境内)

乗馬のまま、八坂神社の境内を進む久世駒形稚児（撮影:守分和正）

神幸祭での神宝捧持列の勅板（平成30年7月17日）

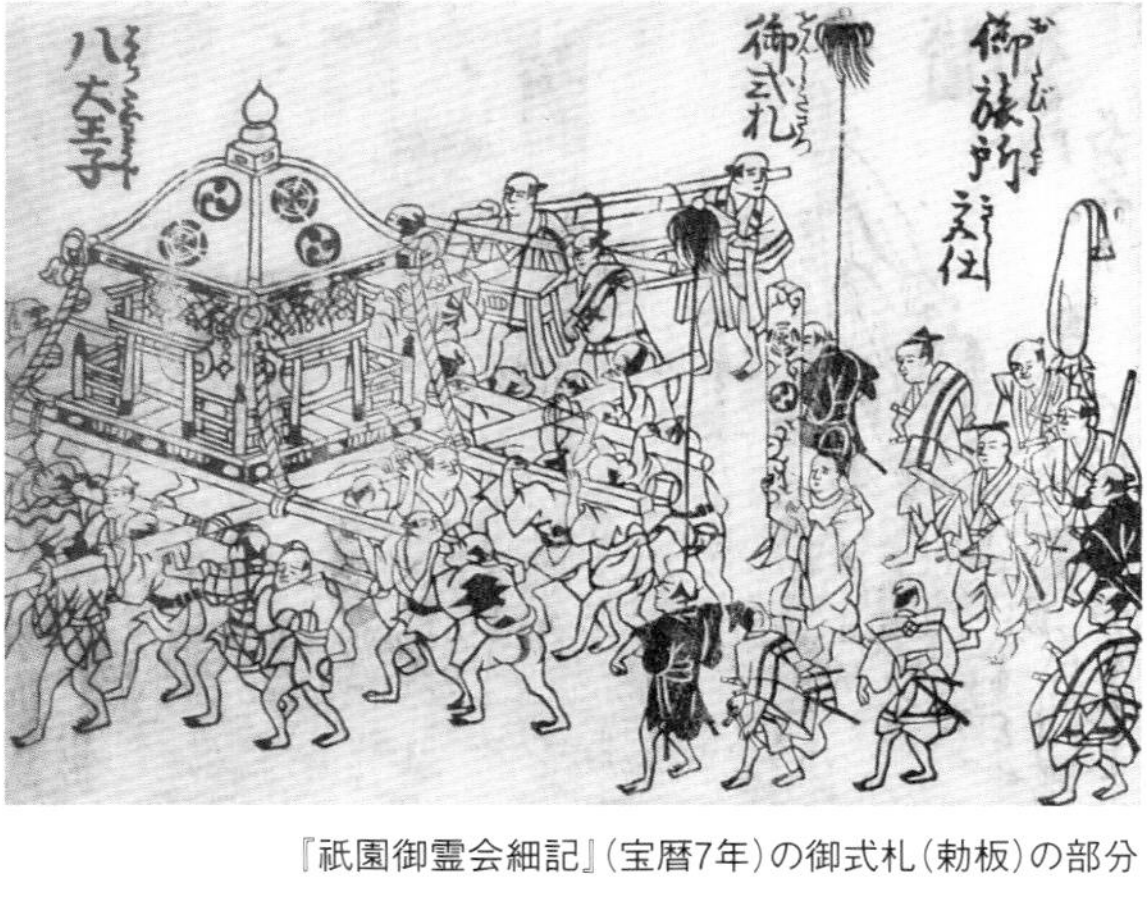

『祇園御霊会細記』（宝暦7年）の御式札（勅板）の部分

北観音山の懸装品（後懸）
インド製八つ星メダリオンの絨毯

函谷鉾の垂木飾
小舞金具:四季の花文様(牡丹・時計草・皐月・桔梗) 国井応文下絵(明治18年)
鼻金物:魚々子地牡丹文様(明治17年)

長刀鉾　鉾上での囃子

綾傘鉾の棒振り囃子（撮影:中西可奈）

八坂神社で舞われる「弥栄神社の鷺舞」
　祇園祭創始1150年を祝い、八坂神社に奉納された鷺舞（令和元年7月7日）

津和野の「弥栄神社の鷺舞」（重要無形民俗文化財、島根県津和野町）
　室町時代、京都の祇園御霊会で行われていた鷺舞が周防国山口に伝えられ、さらに津和野の弥栄神社に伝承されてきたもの

祇園祭ごみゼロ大作戦によるエコステーション（令和元年7月16日）

京都・祇園祭ボランティア21 曳き手ボランティアオリエンテーションの全体説明会
（令和元年6月 東山開晴館六原学舎）

祇園祭創始1150年記念プロジェクト

こんちきジーズ

～祇園祭から学ぶ持続可能性。SDGsの先へ～

関係者による文字を一つにした「こんちきジーズ」のロゴ

祇園祭創始1150年記念レクチャーシリーズ「祇園祭 温故知新」の様子
（令和元年9月29日）

祇園祭創始
一一五〇年記念

祇園祭　温故知新

神輿と山鉾を支える人と技

発刊にあたって

門川大作
（京都市長）

祇園祭は、八坂神社社伝によると、国内各地で発生した天変地異や疫病の流行を受け、全国の安寧を祈るため、貞観十一年（八六九）、当時の国の数である六六本の矛を立て、神輿を神泉苑に送った祇《ぎ》園《おん》御《ご》霊《りょう》会《え》が起源とされており、令和元年に、創始一一五〇年を迎えました。

この節目の年に、祇園祭の起源と理念を再認識するとともに、その魅力を一層深く感じていただくため、京都市では様々な記念事業を行ってまいりました。その一つに、京都市生涯学習センター（京都アスニー）を会場として開催した、レクチャーシリーズ「祇園祭 温故知新」があります。そこでは、祇園祭の現場で御尽力の皆様、祇園祭について研究を進めておられる有識者の皆様に、四つのテーマに沿って御講演をいただきました。

祇園祭の歴史にはじまり、神輿や山鉾を支える人々の組織とその活動、豪華絢爛な山鉾の懸装品を修理・継承するための取り組み、祇園祭を彩るお囃子の起源と継承への取り組みなど、祇園祭を外から見ているだけでは知ることのできない、興味深いお話ばかりでした。この事業に御参加いただいた皆様には、華やかさだけではない、祇園祭を受け継いでいる人たちの熱意や矜持を感じていただけたのではないかと思います。

本書には、この貴重な講演内容を収録しています。また、関係する諸団体や有識者の皆様にも、この一年の祇園祭に関する様々な取り組みについて、祇園祭に懸ける思いや研究の成果等を交えて、それぞれのお立場から御寄稿いただきました。

社会全体や未来に思いを馳せる祇園祭の創始の理念と、それを連綿と受け継いできた多くの人々の志は、「誰一人取り残さない」持続可能な社会を目指す国連の「ＳＤＧＳ」の精神にも通じます。貧困、環境問題、頻発する自然災害など様々な課題を抱える昨今、あらゆる危機をしなやかに力強く乗り越え、未来を切りひらくために我々は、先人たちから受け継いだ宝である祇園祭の歴史と「心」に大いに学ぶ必要があると考えています。本書がその一助となりますことを願っています。

結びに、御講演いただいた講師の先生方、御寄稿いただいた皆様をはじめ、御協力を賜りました全ての皆様に厚く御礼申し上げます。

令和二年三月

ご挨拶

森　壽雄
（八坂神社宮司）

この度、祇園祭創始千百五十年を記念して京都市主催のレクチャーシリーズ「祇園祭 温故知新」が開催され、その講演内容を収めた『祇園祭 温故知新―神輿と山鉾を支える人と技』が発刊されますこと慶賀の至りに存じます。

さて、昨年はご譲位がなされ、五月一日に令和の御代が始まりました。その新たな幕開けの年に祇園祭は創始以来千百五十年の佳節を迎えたわけであります。

このめでたき年を奉祝するため、当社におきましても提灯行列をはじめ、島根県津和野からの鷺舞奉納、三基の神輿が三条の又旅社・四条大橋にて揃う神輿渡御、祇園祭と所縁の深い疫神社の修復竣功、氏子組織である清々講社によるご神詠歌碑の建立、さらには東参道の修復工事等様々な記念事業が執り行われました。

この祇園祭の起源であります祇園御霊会がはじめて行われた貞観十一年（八六九）は、未曾有の大地震が東北地方に起こり、国中で疫病が流行し、その災いを鎮めるため、勅を奉じ六十六本の矛を立て神泉苑に神輿を送り、国家の安寧と厄災の除去を祈願した年と伝わります。

その年から千百五十年の歴史の中には様々な変化や困難がありました。応仁の乱をはじめとする幾多の戦乱や火災、明治維新や太平洋戦争等の社会情勢の変化といった困難に見舞われ途中断絶がありながらも、変化を受け入れ祇園祭は脈々と継続されてきたのです。

様々な変化の中にあっても祈りを捧げ、神事を継承するために並々ならぬ熱意と努力をもってその困難を乗り越えてこられた先人達の思いを私たちは忘れてはなりません。

また、このような長い歴史を持つ祇園祭は平成二十一年、山鉾行事がユネスコ無形文化遺産に登録されましたことをはじめとして、日本のみならず世界からも注目される祭となっております。

そのような中、祇園祭は平成二十七年九月に国連サミットで採択されたＳＤＧＳ（持続可能な開発目標）の理念との共通点を見出し、この佳節の年に新たな一歩を歩み始めることとなりました。祇園祭を通じて様々な持続可能性・開発目標の達成について模索し、またそこから生まれた発想が祇園祭の継続に寄与する。このような相互関係の中から発見された新たな魅力を世界に、そして未来に伝えていくことがこれからの祇園祭にとって大切なことかと存じます。

本書を学びの入口として祇園祭についてお考えいただくきっかけとなれば幸いであります。

結びに、本書の発刊にあたりご尽力いただきました関係各位の皆様に厚く御礼を申し上げます。

目次

2章

凡例

一、本書各章の、トピックを除く主要部分は、令和元年八月から十一月に京都市が実施した祇園祭創始一一五〇年記念事業レクチャーシリーズ「祇園祭　温故知新」等の講演内容をもとに原稿作成し、構成したものである。講演会場はいずれも京都市生涯学習センター（京都アスニー）である。各レクチャーの内容は次の通り（敬称略）。

三月一日（日）
講師　八木　透　演題「祇園祭―１１５０年のときを超えて―」

八月三十一日（土）
テーマ　祇園祭　戦後の歩みとこれから
講師　植木　行宣　演題「祇園祭の山鉾行事―そのかたちと心―」
　　　仲林　亨　演題「戦後の祇園祭―守るものと伝えること―」

九月二十九日（日）
テーマ　祇園祭を支える人々：山鉾町と神輿会
講師　福井　藤次郎　演題「鈴鹿山町衆の今昔」
　　　吉川　忠男　演題「神輿渡御の担い手とその心意気」

十月二十五日（金）
テーマ　動く美術館「山鉾」の装飾品の修理と継承：新調修理事業の現場から
講師　吉田　孝次郎　演題「祇園祭山鉾風流と絨毯」
　　　吉田　雅子　演題「祇園祭山鉾の懸装品の新調―鶏鉾の水引と鷹山の再興―」

十一月八日（金）
テーマ　祇園囃子の背景：太鼓、鉦、笛の調和
講師　山路　興造　演題「コン・チキ・チンの成立」
　　　木村　幾次郎　演題「祇園囃子と共に６３年　そして祇園囃子の今」

一、各章本文中の執筆者の肩書・略歴は、講演当時のものとした。
一、トピックの執筆者については、本書刊行時点での肩書を文末に付している。

序章　祇園祭――その創始と変遷

八木　透
（佛教大学歴史学部教授）

はじめに――平安京と御霊信仰

京都では、大きな神社祭礼はどちらかといえば春から夏に集中している。これは他地域における一般的な年中行事の特徴とは若干性格を異にする。日本では農耕のサイクルによって年中行事が構成されるため、その年の収穫を感謝し、翌年の豊饒を祈願する意味で、秋の農作業が一段落する時期に最も盛大に祭が行われる。ならば、京都における祭のサイクルはいったい何に基づくものなのか。それは御霊《ごりょう》信仰の影響を濃厚に受けているためと考えられる。御霊とは、非業《ひごう》の死をとげ、この世に未練や恨みを持つ死者の霊魂を指す。たとえば桓武天皇の弟の早良《さわら》親王（後の崇道《すどう》天皇）や皇子である伊予親王などが御霊であると考えられていた。御霊が恨みをはらすために人々に疫病を振りまくということから、それらの荒ぶる怨霊を歓待し慰撫することによって災厄をもたらさぬように神の世界へ送るための祭礼が御霊会である。御霊信仰は、平安時代には牛頭天王《ごずてんのう》信仰と習合し、祇園御霊会として定着してゆく。牛頭天王はインドでは祇園精舎の守護神とされているが、日本に移入されてからは疫神とみなされるようになり、この神を祀れば、疫病やその他の災厄から免れることができるとして広く民間に普及した。

春から夏前の時期に御霊会が行われるのは、この頃が一番疫病の流行しやすい季節だったからにほかならない。このことは梅雨の集中豪雨による河川の氾濫とも深く関係している。鴨川や桂川などの京都の河川は、かつてはよく氾濫した。河川の氾濫は水害であると同時に、その後には疫病の流行という二次的な被害をもたらすことは今も知られたことである。ゆえにこのような時期に、災厄や疫病の根源とされる御霊を祀り、都の平安を祈願したのである。このように、祇園祭は平安時代の御霊会に始まり、その後幾度となく大きな変容をたどりながら今日まで続く、日本を代表する歴史的都市祭礼である。

　平安京において、御霊会がいつ頃始まったかについては諸説があり、明確な時期は不明である。ただ、貞観十一年（八六九）には春先に東北で大地震が起き、大津波が襲った。さらに平安京でも疫病が大流行して多数の死者が出たので、六六本の矛を作って神泉苑で牛頭天王を祀り、泉へ送ったと伝えられている。これが祇園御霊会の創始と考えられ、二〇一九年が祇園祭創始一一五〇年だとする所以でもある。しかしそれも、数ある説のひとつの見解に過ぎない。ただ少なくとも、祇園祭は九世紀以降一一五〇年余の年月を経て今日に受け継がれてきたことは間違いない。気が遠くなるような悠久のときを超えて継承されてきた祭だけに、これまで幾多の変容があったことは想像に難くない。その変遷の過程についてできるだけわかりやすく理解するために、本小論ではターニングポイントを大きく七期に分け、それぞれの時期の特質について考えてみたいと思う。

第一期：御霊会の草創期——平安時代前期〜中期（九世紀〜十一世紀）

貞観十一年の後も、御霊会は神泉苑・紫野《むらさきの》船岡・衣笠・出雲路《いずもじ》などで不定期に行われた。これらの場所は、神泉苑を除けばいずれも平安京のすぐ外側の地で、かつ背後に葬地を控えた場所であるという共通性が見られる。そもそも御霊会とは疫病の原因とされた怨霊たちを集め、趣向を凝らした歌舞を披露することによって歓待・慰撫し、最終的には都の外へ丁重に送り出すことが目的であったのだから、都の内外の境界とも称すべき場所で御霊会が行われたのは当然のことだといえる。ではこのような臨時祭として御霊会が八坂《やさか》という地に固定され、また定期的に行われるようになるのはいつ頃なのか。それについても明確な年代は不明であるが、おそらく平安時代中期の十世紀末から十一世紀頃には牛頭天王を祀る神仏習合の社殿としての祇園社が成立し、ほぼ同じ時期に祇園御霊会が年中行事として定着したであろうと考えられている。

祇園御霊会の創始と深く関係するのはいわゆる「御旅所《おたびしょ》」の創設である。御旅所とは、祭神が一年のある期間に限って本社からそこに移されて滞在するための社を意味する。祇園社では、十世紀末頃に大政所《おおまんどころ》御旅所と少将井《しょうしょうい》御旅所の二ヵ所の御旅所が、いずれも都の市中に作られた。そしてこの頃には、東《ひがし》御座《ござ》・中御座・西御座という三基の神輿が祇園社から出て、東と中の二基の神輿は大政所御旅所へ、西の神輿は少将井御旅所へ渡御するという形式が整えられた。今日の八坂神社の御旅所は、四条寺町一ヵ所だけであるが、それは天正十九年（一五九一）に豊臣秀吉が御旅所を現在の地に移したためであり、それ以前は三基の神輿は分かれて二カ所の御旅所へ渡御していたのである。

御霊会は朝廷が主催して行われる、いわゆる官祭として始まった。しかし平安末期から鎌倉時代にかけて、祭を主導する主体が徐々にではあるが、都に住む町衆たちへと移ってゆく。その過程において、御霊の意味も大きく変化してきたと考えられる。つまり御霊会の主導権を朝廷が握っていた平安中期までは、御霊は「政争に敗れ非業の死を遂げた死者の怨霊」と考えられていたが、平安後期以降は「疫病をもたらす目に見えない悪霊＝疫神」であると考えられるようになっていったものと思われる。町衆たちにとっては、何処の誰が政争に敗れた者なのか等という情報をまったく知るはずもなかったからである。

第二期：山鉾の出現期——南北朝～室町時代初期（十四世紀～十五世紀）

今日の祇園祭の象徴ともいえる鉾や山が祇園祭に登場するのは、十四世紀はじめである。鉾は、初期には「風《ふ》流《りゅう》囃《はや》子《し》物《もの》」とよばれ、鉦・笛・太鼓などにあわせて踊る一種のにぎやかな歌舞を意味した。それらを経済的に支えたのは京都の下辺、すなわち後の下京在住の富裕な商人たちであった。一

図1 綾傘鉾の囃子方（風流囃子物の代表例）

方山は、鉾のような武器状のものではなく、趣向を凝らした「造り物」、すなわち見物客たちの目を引くような見世物の一種であったと考えられる。山というからには常緑樹を飾り付け、そこで一つの場面が作り出されて種々の見世物が演じられた。

見る者たちすべてを魅了し、老若男女の皆が楽しめる艶やかなパレード、鉾や山はまさに、当時は他に類のない人気高いパレードとして発展してきたのである。これこそが、山鉾の本質としての「風流」の特質だといえるだろう。風流とは、歌舞を基本とした芸能に端を発し、やがて華やかさを纏いながらそのイメージをはるかに拡散させてゆき、ついには、鉾や山などの造形物をも、風流の対象とみなされるようになっていったのである。

応仁の乱以前の山鉾を記した史料には、五八基以上の山鉾の名が記されている。その中のほとんどが「長刀ほこ」や「庭とり《（鶏）》ほこ」など、今日の山鉾と同じ名称が付けられている。もっとも鉾や山は、もとは祇園御霊会の神輿渡御に付随した出し物であり、いうならば神輿の先導役というべきパレードであったはずだ。しかしやがて華やかな鉾や山は、神輿以上に見物人たちの注目を集めるようになり、ますます華美になっていった。この点に関しては第四期の章で詳述したい。

第三期：鉾と山の復興期――室町時代後期（十六世紀）

十五世紀後半に起こった応仁の乱は、京都の町の大半を焦土と化してしまった。当然多くの山鉾が焼失したことだろう。さすがの京都の町衆もこの打撃は大きかったようで、山鉾が復興するのは、乱後三三年を経過した明応九年（一五〇〇）のことであった。この時から山鉾の巡行順を決めるくじ取りが行われるようになり、長刀鉾はくじ取らずで先頭を行くというルールが定められた。以後五〇〇年余の間、山鉾自体の盛衰や変化はあるにせよ、ほぼ同形式の山鉾巡行が続けられてきたのである。このように、明応九年の復興を契機として、少しずつ巡行に復活する鉾や山が増え始め、やがて三五基の鉾と山が復興したと考えられている。

第四期：神輿と山鉾の逆転期――室町時代後期〜江戸時代初期（十六世紀末〜十七世紀）

鉾や山は、本来は神輿渡御の先触れとしてのパレードであった。しかしやがて独立し、いつしか神輿が出なくても鉾や山の巡行だけは行われるという事態になっていったと考えられる。これは祇園御霊会における主役と脇役の逆転を意味した。このことを裏づける資料が「洛中洛外図屏風」である。

数ある洛中洛外図屏風にはほぼ例外なく祇園御霊会の様子が描かれている。その中で、十六世紀に狩野永徳が描いたとされる、国宝の「上杉本洛中洛外図屏風」（米沢市上杉博物館蔵）には、鴨川に架けられた四条の仮橋を渡って御旅所に向かう三基の神輿と、それに従う多くの人々が賑々しく描かれている。さらに鴨川の西には、長刀鉾や蟷螂山《とうろうやま》などの山鉾が描かれている。つまり狩野永徳は、祇園御霊会を他地域へ紹介するためには、神輿と山鉾双方を描かなければならないとする明確な意図があったものと思われる。ところが少し時代が下り、十七世紀初期に描かれたと考えられる「佛大本洛中洛外図屏風」（佛教大学蔵）には、八基の山鉾が四条通から寺町通を南行し、さらに松原通を西に向かう様子が描かれている。しかしどこを探しても、神輿渡御の様子はまったく見えない。主役である神輿を描かずに、山鉾のみが描かれた背景には、もちろん「佛大本」の作者の恣意性があったことはいうまでもないが、同時に十七世紀という時代の神輿渡御と山鉾巡行の比重に対する人々の認識

図2「佛大本洛中洛外図屏風」に描かれる山鉾　佛教大学蔵

の一端をうかがい知ることができるのである。このような絵画資料の分析より、筆者は十六世紀後半から十七世紀初頭の頃に、祇園御霊会における主客の逆転があったのではないかと考えている。その背景には、京都下京を中心とした町衆の成長と財力があったことはいうまでもない。祇園社の神事から独立した、町衆中心の祇園祭山鉾巡行のルーツをここにうかがうことができるのである。

第五期：仏教儀礼から神事への変換期——明治時代初期〜戦後（十九世紀〜二十世紀）

明治維新を迎え、日本中の社寺祭祀は大きな変革を余儀なくされる。それはすなわち「神仏分離」と「改暦」である。近世までの日本の社寺は、ほぼ例外なく神仏習合の形態を取り、そこでは神社と寺院、および神道と仏教を明確に区別することは困難であったが、明治以後は両者が完全に分離され、祇園社は廃されて八坂神社となる。同時に祭神も仏教系の牛頭天王は廃され、スサノヲノミコト（素戔嗚尊）を主神とする神道系一色の形に改められた。またそれまで旧暦六月七日が神幸祭、六月十四日が還幸祭という日程で行われていた祭礼が、新暦の導入によって、明治十年（一八七七）より、七月十七日が神幸祭、七月二十四日が還幸祭となり、前者は俗にいう「前祭」、後者が「後祭」とよばれるようになった。

さらに明治初期の祇園祭にとって最大の危機となったのは、明治五年（一八七二）に秀吉の時代以来続いてきた「寄町《よりちょう》」制度が廃されたことである。これによって、それまで山鉾町を支えてきた基盤を失うことになった。その影響下で、山鉾町は困窮にあえぐようになり、いくつかの鉾や山が休止する事態となったのである。寄町とは、山鉾を持つひとつの町を、山鉾を持たない数ヵ町が人的、経済的に援助するという協賛の制度である。明治二十年代には、鶏鉾や月鉾が質入れあるいは売却を迫られるという危機に陥るが、明治五年に結成された清々講社《せいせいこうしゃ》が氏子から広く寄付を集めたおかげで、最悪の状況からは逃れることができたといわれている。しかし経済的な理由により、例えば白楽天山は、明治二十一年から同四十四年まで休止している。また四条傘鉾は明治五年以降、昭和六十三年（一九八八）まで、綾傘鉾も明治十七年以降、昭和五十四年まで休止することになったのである。

第二次世界大戦は当然のことながら祇園祭にも大きな影を落とした。戦後も山鉾はすぐには復活できず、たとえば昭和二十二年（一九四七）には、長刀鉾と月鉾が戦後はじめて建てられ、長刀鉾のみが四条寺町の御旅所まで往復する形で戦後初の巡行を復活させた。さらに昭和二十四年には九基の山鉾が、翌二十五年には一六基の山鉾が復活し、さらに戦後はじめて後祭巡行が行われている。そのような中、昭和三十七年には二九基の山鉾が国の重要民俗資料（後に重要有形民俗文化財と改名）に指定され、さらに昭和五十四年には、「京都祇園祭の山鉾行事」が重要無形民俗文化財に指定された。

昭和三十年（一九五五）以降は山鉾の巡行路が目まぐるしく変化することになる。すなわち昭和三十年までの巡行路は、前祭では、四条烏丸－四条寺町－寺町松原－松原東洞院、後祭では、三条烏丸－三条寺町－四条寺町－四条東洞院という巡行路をとっていた。それがやがて前祭の巡行路が変更され、昭和三十一年以降は、四条烏丸－四条寺町－寺町御池－御池烏丸、さらに昭和三十六年以降は、四条烏丸－四条河原町－河原町御池－御池烏丸という、現在と同じ巡行路に改められたのである。

第六期：合同巡行の開始期――一九六六年～二〇一四年

昭和四十一年（一九六六）、当時観光振興に力を注ごうとしていた京都市が提案し、結果として観光客への配慮やその他の理由から、前と後の祭が合体して山鉾巡行は十七日だけとなる。前述したように、山鉾巡行は神輿渡御の先触れとしての意味を有しており、元来は神輿渡御に先立って山鉾が氏子圏内を巡行することで疫神たちを集め、そこへ神輿に乗った神がやってきて荒ぶる悪霊の怒りを鎮め、京の町から外へ送り出すのが御霊会の基本構造であったはずだ。ゆえに、神の旅程の往路にあたる前祭においても、また復路にあたる後祭においても、神輿渡御に先立って山鉾巡行が行われるべきであることは当然のことだろう。そこから考えるに、後祭での山鉾巡行の欠落という事態は、決して祭のマイナーチェンジではなく、祇園祭の根幹にかかわる極めて重要な部分を変革してしまったということになろう。これは考えてみれば、想像以上に大きな問題だったのである。

図3　花傘巡行（撮影:星野佑佳）

なお神輿渡御は従来どおり七月十七日が神幸祭、二十四日が還幸祭として行われることになった。ただ後祭での山鉾巡行が行われなくなった代わりに、花傘巡行が始まることになる。花傘巡行は、山鉾の原初形態とされる花傘（傘鉾）を中心に、獅子舞・鷺舞《さぎまい》・児武者・祇園囃子・祇園田楽《でんがく》・馬長《うまおさ》稚児・花街の屋台などが八坂神社から四条通を西へ向かい、寺町通を北上して御池通を東へ、河原町通を南下して四条通から八坂神社へ戻る。花傘巡行の一番の特色は、原則女人禁制とされている山鉾巡行とは異なり、芸舞妓やミス着物などの華やかな女性の参加が多いことであるといえるだろう。

なお平成二十一年（二〇〇九）には、「京都祇園祭の山鉾行事」がユネスコ無形文化遺産に登録されることになる。

第七期：後祭の山鉾巡行の復活期——二〇一四年〜現在

先述のように、昭和四十一年（一九六六）以降前祭と後祭の山鉾が七月十七日に合同巡行を行ってきたが、祇園祭山鉾連合会を中心に各山鉾町を含めて、さまざまな議論が展開された結果、平成二十六年（二〇一四）より、四九年ぶりに二十四日の後祭山鉾巡行が復活する。ここに祇園祭本来の神輿渡御に先だって山鉾が巡行するという姿が蘇ったのである。またこのときには、元治元年（一八六四）の禁門の変以来休み鉾だった大船鉾が復活して後祭巡行に参加した。その結果、前祭では二三基の山鉾が、後祭では一〇基の山鉾が巡行することとなり、合計三三基の山鉾が二日に分かれて都大路を巡行するという形が整ったのである。なお後祭の巡行路は、烏丸御池を出発地点とし、御池通を河原町まで東へ進み、河原町を南行して四条河原町へ、そこから四条通を烏丸まで西行するという、まさに前祭とまったく逆のコースを辿ることになった。

　その後、大船鉾と同様に禁門の変以来休み山であった鷹山が復活の機運を見せ始め、令和元年（二〇一九）には一九三年ぶりに唐櫃《からびつ》巡行の形で後祭巡行に参加した。合計三四基の山鉾の巡行が実現するのも、そう遠くないことをうかがわせる出来事であった。

　ところで平成二十八年（二〇一六）には、祇園祭山鉾巡行を含む、日本中の計三三件の重要無形民俗文化財指定の「山・鉾・屋台行事」が、一括してユネスコ無形文化遺産に登録されることになった。

むすびにかえて――未来の祇園祭を睨んで

祇園祭はその歴史と規模において、日本一の都市祭礼であるといっても過言ではあるまい。毎年百万人近い観光客が訪れるという巨大な祭であるがゆえに、近年は観光を主目的としたイベントであると錯覚している人も少なくないように感じる。しかし、筆者のようにひとつの山鉾を維持運営する保存会の役員の立場で、内部から祇園祭を見たとき、そこにはきわめて真摯な信仰に裏付けされた山鉾町の人たちの姿が浮かんでくる。今や疫病の原因を、怨みを抱く怨霊の祟りであると信じる者はいない。しかし信仰の内容や形式は変われども、祇園祭を支える人たちは、確かな信仰心を抱き、神を祭祀するという祭本来の想いを決して忘れることなく、きわめて真摯に祇園祭に奉仕していることは間違いない。だからこそ、近年のように観光化が目立つ状況になっても、なお祇園祭は、少なくとも「神まつり」としての性格を守り続けているのだと思う。

今日の祇園祭には、いくつかの懸案があることも確かだ。そのひとつは、女性の参画をめぐる問題であろう。祇園祭山鉾行事は、現在でも原則女人禁制とされている。祇園祭の山鉾が女人禁制とされる背景には、中世の仏教思想の影響が少なからずあったことは確かだろう。今日の八坂神社は、明治の神仏分離までは祇園社あるいは祇園感神院《かんじんいん》などとよばれる神仏混淆《こんこう》の祭祀対象で、中世には比叡山延暦寺の支配下におかれていた。天台密教は特に女性を遠ざける傾向が強く、その影響もあって鉾や山は女人禁制とされるようになっていったのではないかと考えられる。しかし室町時代には、明らかに女性らしき人物が鉾に乗っている姿が描かれた絵画資料が見られる。また一説では、室町時代初期までは女性を主とする芸能が鉾上で行われていたともいわれており、少なくとも十五世紀初頭までは、鉾に女性が乗っていた可能性は高い。それがやがて、室町時代後期には徐々に女人が山鉾から遠ざけられていったのではないかと思われる。

また別の観点から見ると、祇園祭の鉾や山は「文化財」であるから、とする説明も可能であろう。今日の祇園祭山鉾行事は国の重要無形民俗文化財であり、またユネスコ無形文化遺産にも登録されている。いうならば伝統的な姿を後世に伝えるために保存すべき対象なのである。しかし、実際にはこれまでも複数の山鉾に女性が乗っていた前例はあるし、現在でも女性が囃子方を務めている山鉾もある。現代の世の中、男女が平等な立場で何事にも参画できるのがあたりまえである以上、祇園祭で女性がもっと活躍できる日が来るのはそう遠くないかもしれない。男女共同参画が叫ばれる今日、祇園祭と女性の関わり方に関してもっと積極的に議論を交わすべきとする声がある一方で、あえて白黒をはっきりさせずにあいまいな状況を残すことで、摩擦や確執といったトラブルを避けようとする動きも見られる。後者のスタンスはいかにも京都らしい。京都生まれ京都育ちの筆者には、ある意味心地よさすら感じる対処法である。しかしはたしてそれでよいのかという戸惑いがあることも事実である。今後はこの問題に関しても、もう少し積極的な議論が巻き起こる必要があるのではないかと感じるのは、決して筆者だけではあるまい。

【主要参考文献一覧】

芳井敬郎編　『祇園祭』　松籟社　一九九四年
脇田晴子　『中世京都と祇園祭』　中公新書　一九九九年
植木行宣　『山・鉾・屋台の祭り』　白水社　二〇〇一年
八木透編　『京都の夏祭りと民俗信仰』　昭和堂　二〇〇二年
真弓常忠編　『祇園信仰事典』　戎光祥出版　二〇〇二年
島田崇志他　『写真で見る祇園祭のすべて』　光村推古書院　二〇〇六年
山路興造　『京都芸能と民俗の文化史』　思文閣出版　二〇〇九年
川嶋將生　『祇園祭』　吉川弘文館　二〇一〇年
中田　昭　『京都祇園祭』　京都新聞出版センター　二〇一一年
河内将芳　『祇園祭の中世』　思文閣出版　二〇一二年
八木　透　『京のまつりと祈り―みやこの四季をめぐる民俗』　昭和堂　二〇一五年
八木　透　『日本の民俗信仰を知るための30章』　淡交社　二〇一九年

1章

祇園祭の心とその継承

祇園祭の山・鉾・屋台行事――そのかたちと心――

植木行宣
（元京都学園大学教授、全国山鉾屋台保存連合会顧問）

山鉾はいつ成立したのか？

祇園祭というお祭りの特質や意味は、山や鉾の持つ祭りの起源を探らないとよくわかりません。そのため本講演では、祇園祭に登場する山・鉾・屋台についてその形と、どのような役割を担ってきたのか、またどのような変遷を経て現在に至っているのか、ということを中心にお話し致します。

記録に登場する作山・風流の鉾

祇園祭（祇園会、正しくは祇園御霊会）とは、神輿が御旅所に渡り、後祭でお戻りになるというのが神事の中心でありますが、山鉾巡行はこの祇園会というお祭りを舞台に成立し、発展した下京住民の祭りが原点です。

ここにいう「下京」とは、現在の下京区と違い、南北は三条から五条、東西は堀川から寺町（当時は京極）の範囲をいいます。その下京に住み暮す人たちが、自分たちが主体的に営むお祭りとしてできあがったものが山鉾巡行です。メインは祇園会という八坂神社の祭礼ですが、それとつかず離れず、歴史的に展開して今日に至っています。

山鉾がいつ成立したのかといいますと、今から七〇〇年前の十四世紀の半ば頃に姿を現して、その十四世紀の末にかけて現在のような山鉾の形に固まっていったものです。

山鉾の成立については、史料に記録が残っております。当時の貴族の日記に山が初めて登場しますのが、康永四年（一三四五）のことです。前祭《さきのまつり》の箇所に「山以下作物」という、たったこれだけの記述で登場します。「山、そのほかにいろいろな作り物が出た」というものです。ただし、このときは六月七日が大雨だったために、一日延期して翌八日に巡行したという話も出てきます。その後もこの「作《つくり》山《やま》」、あるいは「作山《つくりやま》風流《ふりゅう》」という表記で山についての史料が続いて出てきます。

これに対して鉾は、最初に史料に現れるのは少し遅れて、延文三年（一三五八）の前祭に出る「風流鉾等」です。風流の鉾という表記で出てきます。さらに後祭の場合、少し離れて応安三年（一三七〇）、後祭に「京中の鉾等」という記録が出てきます。この「京中の鉾等」の「京」とは下京を意味しております。その後「下京の鉾」ともいわれます。例えば、応安七年の『師夏記』の場合、「今日下辺《しもへん》の経営する鉾が出る」とあり、下辺（下京）の鉾として、下辺が経営するというふうに出てまいります。

神事がなくても巡行する山・鉾

ところが注意して見ますと「祭儀なし」、つまり祇園会という神事がないけれども、山鉾だけは神事とは関係なしにお渡りするというのが、この時代の基本的なスタイルであり、応安七年（一三七四）から連年にわたって、神事とは別の祭事として山鉾が巡行しているということがわかります。なぜ神事がなくても山鉾だけは出るという、つかず離れず行事が行われたのかということですが、その理由は、山鉾巡行は祇園社の神事とは別の神事、つまり下京住民の祭りであったということがまず一つ挙げられます。

その祭りの狙いは何か、どういう願いを託したのかというと、自分たちに襲いかかってくる災厄、特に疫癘《えきれい》（流行病）の脅威が高まる六月の初めに、その流行病を防ぐ願いを込めて、山鉾の祭りが行われたのです。だから六月という時期をはずしたら祭りの意味がなくなるわけです。祇園祭が旧暦の六月七日と十四日に行われる限りは、当然山鉾の祭りも行われますが、祇園社の神事がないという場合にも、下京の人々がこの時期に山鉾の祭りを行ったことは、祇園祭の本来の心にかかわる非常に重要な事柄といえます。

中世の祇園祭を探る方法

ところが今、「下辺」の山や鉾、作山、風流の鉾がどのようなものだったのかは具体的にわかりません。では、鉾や山を理解するためにはどのような方法があるかといいますと、まず当時の祭礼にできるだけ近い時期の景物を描いた絵画史料から分析する方法があり、また現在の祇園祭、あるいは祇園祭に関連して全国に広まったさまざまな祭礼を総合的に検討、分析する方法により、かつての山や鉾のかたち、中世の祇園祭を具体的に理解できるかと思います。

史料による限り「作山」は、造り物を中心にした山らしいのですが、それを何で「山」といったのかはわかりません。また「風流《ふりゅう》の鉾」とは何かといいますと、笠鉾《かさほこ》、つまり笠型の上に造り物を載せた鉾を指します。風流とは美しく趣向をこらした造り物を伴うハヤシ（踊り）のことです。

また「高大鉾」という巨大な鉾が登場したことが史料からわかります。高大鉾が巡行中に倒れて尼さんが一人圧死したという記録が史料に現れます。ただこの高大鉾がどういうものかはわかりません。

これら「作山」「高大鉾」など当時の鉾や山の姿を知るために、非常に重要な史料が「月次《つきなみ》祭礼図模

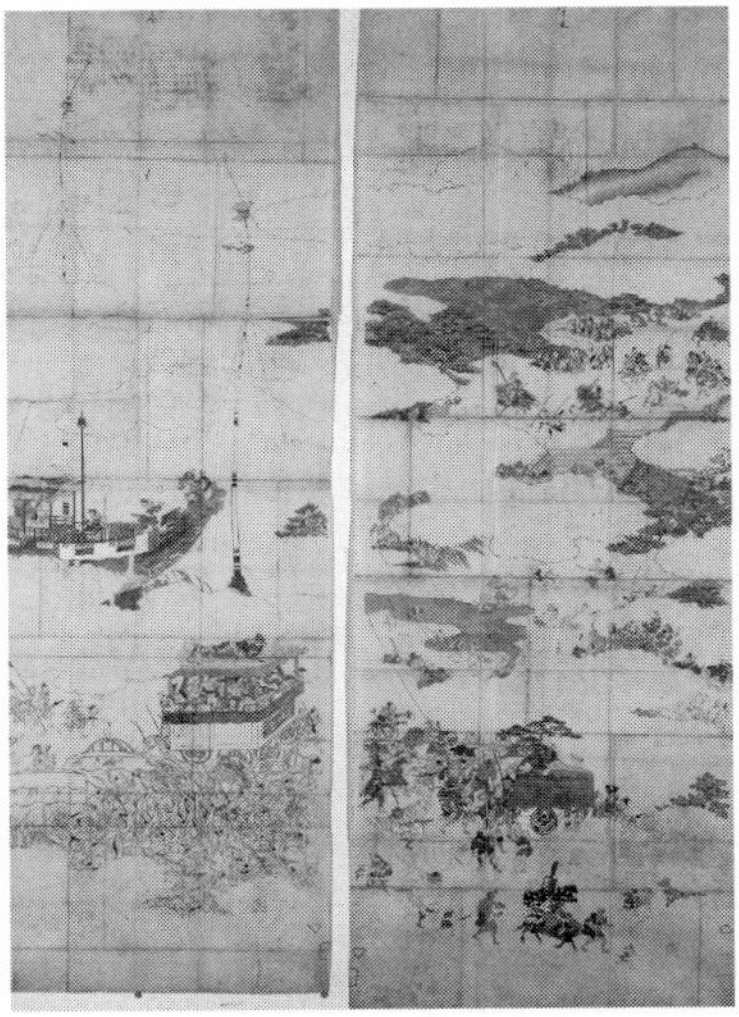

図1 月次祭礼図模本 伝土佐光信筆 19世紀
（原本:室町時代15世紀） 東京国立博物館蔵
C0004943 Image:TNM Image Archives

本」（東京国立博物館蔵。以下、模本と略）です。原本は土佐光信筆と伝えられますが失われており、この史料はそれを写したものです。祇園祭の山鉾を考える上で最も古い絵画史料ということになります。もともと六曲屏風が一双、左右であったのですが、片方が失われて右隻だけが残っています。その第一扇（一番右端）から正月行事に始まる京都の四季の景物を描いています。名所記のような内容ですが、その五扇の下部から六扇全面にわたって祇園祭の山鉾が大きく描かれています。それまでの景物は全体を小さく描いていますが、この祇園祭は山鉾だけが大きく描かれています。

「月次祭礼図模本」からわかる「風流拍子物」と造り物の「山」の形態

具体的に見ていきますと、五扇の最も下部には「乗牛《じょうぎゅう》風流《ふりゅう》」と呼ばれている仮装につづいて、鷺舞が描かれています。鷺は二羽、向かい合って踊っています。

つづく六扇の下部左は鷺舞を囃す一団です。羯鼓《かっこ》や鼓・大鼓《おおつづみ》などの打楽器を打ち踊るところで、背後に大きな笠が立っています。笠鉾です。笠の上には橋とその欄干に立つ鷺の造り物が飾られています。それを出しといいますが、この出しは鷺舞とともに「鵲《かささぎ》の伝説」に取材した趣向を示す印です。年に一度の七夕に、鵲が翼を連ねて天の川に渡した橋で牽牛と織女が出会うという伝説です。その鵲を鷺に見立てて仕組んだのが笠鷺鉾で、別の史料には「鵲鉾」とも記されています。

笠鉾の下での踊りと鷺舞は笠鉾を囃すのがもともとの役割で、そうした踊りの集団が「風流拍子《ふりゅうはやし》物《もの》」といわれました。

図2　乗牛風流と鷺舞の箇所（月次祭礼図模本）

図3　笠鷺鉾と諫鼓鉾の箇所（月次祭礼図模本）

図4 月次祭礼図模本に描かれる山
（林和靖と鶴）

その傍らにも笠鉾が立っています。その出しは締め太鼓に乗る鶏の造り物で太平の世を示す印です。関所を守り外敵の襲来を告げる太鼓が打たれないまま鶏が棲み着いたという「諫鼓《かんこ》」の伝説によるいわば諫鼓鉾で、踊りの集団と一体です。

この二つの笠鉾（風流拍子物）は後祭の神輿の行列に随ったもので、ともに大舎人《おおとねり》という、祇園感神院（八坂神社）にかかわっていた商人たちが役として担った出し物です。その一つが北畠という散所の芸能民の手にゆだねられ、笠鷺鉾となったのです。

北畠が代行するようになったところで付加されたのが先頭の「乗牛風流」です。昆布などの海草で装い滑稽な仕草で笑わせた仮装の出し物で、祭りの前後に家々を巡って笑いをよびました。

鷺舞の上のほうに下京から出た「山鉾」が描かれています。笠型の上に山型がきれいに二つ並び、それぞれに美しい老松が立っています。この山の飾りのテーマは、中国の隠士・林和靖《りんなせい》が隠れ住んでいるところへ「お客さんがやってきますよ」と鶴が飛んできて告げる、という情景を表したものです。

この山型が「山」の本体です。だから「山」とよび「山」と総称されるわけです。描かれた笠鉾形態のこの山こそ山の原型であり、笠鉾から「山」への過程を写したものにほかなりません。少ししか見えませんが顔と担ぎ棒が見えており、四人で担いでいました。「風流の鉾」といわれていた山鉾は、笠鉾型の舁山《かきやま》形態であったとみて良いと思います。

山・鉾の三つの型が登場

模本の第六扇のこの拍子《はやし》手の上に鉾の全体像を描いています（図5）。下から真木《しんぎ》が立ち上がっており、鉾頭があります。それが何か判別できませんが現在「天王台」といわれている笠型の部分には口取りが曳く唐獅子《からじし》が一頭飾られており、周りは草花が取り巻いています。どうやらこれは獅子にかかわる牡丹の花と思われます。何鉾かは不明です。他の一基は真木だけです。先端の鉾頭は、三角形の中に円が入っているようです。その下にヒレが翻っています。これだけ見ると、現在の鶏鉾の鉾頭に

図5 月次祭礼図模本に描かれる鉾

非常によく似ているのですが、天王台の飾りを見ますと、笠鉾型の上に、天秤棒で桶を担ぐ人の造り物が乗っています（図22）。月中に住むという桂男を表した像です。『祇園会山鉾事』（応仁乱前七日分の「山ほくの次第」）に出る「桂男ほく」の前身です。この真木の左に船が描かれています。屋形の棟《むね》と破《は》風《ふ》の大太刀や甲冑の袖など武具一式で飾る造り物の形態です（図7）。

つまりこの模本は笠鉾型の作り山と鉾と、さらに船という山型のない山の三つを描くことによって、当時の祇園祭の全体を代表させているのです。天下の夏の京都を代表する景物として山鉾の巡行が図題として取り上げられ、そこにこの模本が持っている重要な意味があります。

作り山が方形の台に移行

この「月次祭礼図模本」からは、山鉾の形だけではなく、さらにさまざまなことが読み取れます。前述した現在の山の原型、「作山」について、造り物に美しい老松が飾られていました。この松自体は造り物ですが、当時の生け花の前史である「立花」の流用です。今でも立花は古い幹と枝を使い、その枝に生きた松葉を一本一本挿して松に仕立てる方式があります。

山とは基本的には山型を背景にして、その前にそれぞれの趣向の情景を人形などで見せるという形でした。それが趣向の見せどころで○○山となったのです。この模本の場合、二つの山型は中国の仙人・林和靖が住んでいる山奥の情景の見立てなのです。現在でも「山伏山」の場合は山伏が峰入りする山であり、孟宗山《もうそうやま》は筍《たけのこ》を雪中に掘る竹やぶ、郭巨山《かっきょやま》は、黄金の釜が埋まっているという山の見立てというわけですが、本体は山型でそれこそが重要なのであります。

この二つの山型が中世の「山」の特色ですが、江戸時代になりますと、山型が一つになり洞《ほら》と呼ばれます。松も姿の良い老松ではなく、真松に変わります。

模本に登場する円形の笠鉾では大きさがどうしても限定されます。そのため山は笠型から方形の台に変わっていきました。方形の台になりますと造り物も大きくできるからです。この模本は、山が方形の台へ移行する直前の姿を描いているといえましょう。

鉾の本体「真木」

「山」に対し、「鉾」を知る上で重視すべきことは、台車から真木が真っすぐ立ち上がっていることで、これが鉾の本体です。一見本体と見える屋形は真木に後から付いたものです。

模本に描かれる真木の天王台は、よくみると、明らかに傘骨がついた笠型であって、下に水引が垂れて風に翻っています。

この笠型を重視すれば、真木全体が巨大化した形態というほかはない姿です。鉾の頭と天王台の飾

図6　鉾の屋根部分（月次祭礼図模本）

りは不統一であり、笠の出し部分はどんどん変化をしていったと考えられます。造り物であるから変化したということであります。

もう一つ注視すべきことは鉾の装飾です。今日「網隠し」といわれている屋根から立ち上がる三角帽子状の部分ですが、これはそびえ立つ鉾を支える四本の柱の覆いなのです。これを「禿《かむろ》柱」と呼んでいますが、この禿柱に屋形部分が後からくっついたのが祇園祭の鉾の基本的構造なのです。

この四本の柱は斜めに立ち上がり真木を支えるのですが、そこがむき出しにならないように美しい織物を掛け飾ったわけで、日本にはない虎と豹の皮の飾りが目を引きつけています。風流の大きな見せどころです。今は緋羅紗一色ですが、もともとはここが一つの重要な見せどころだったのです。それがだんだんと胴の部分に移っていき、胴懸が中心になったのです。

なぜ山・鉾を裂で装飾するのか？

しかし共通して重要な点は、豪華な裂《きれ》（織物）で装飾していることです。裂によるこの懸装が祇園祭山鉾の重要な特色なのです。懸装品は取り替え自由です。時々の美意識に応じて山鉾を装ってきたのであり、いまもそれが生き生きと受け継がれているのです。

ところで、模本に描かれた船の造り物は、神功皇后《じんぐうこうごう》の朝鮮への出兵の伝説を表したものです。海を渡る皇后の前に龍神が現れて、潮の満ち引きをつかさどる宝珠を捧げるというもので、手にしている二つの玉が宝珠です。龍を背景に龍神が現れて、これを住吉明神に手渡している情景で、これは現在の船鉾と同じです。

図7　船鉾の「一式飾り」（月次祭礼図模本）

これだけ見れば、現在の船鉾と変わりませんが、先に述べたように、模本の船の造り物は「一式飾り」でした。

くり返しになりますが、屋形の屋根の棟に長大な造り物の太刀があります。また二本の太刀を組み合わせて屋形の破風《はふ》にしています。屋根の葺き材はよくわかりませんが、鎧の小札《こざね》の見立てのようです。また鎧の袖を、裂の装飾の上に重ねて飾っています。さらに刀と矢楯（矢を防ぐ板）を裏返しにして、その支えの木を櫂に見立てており、全体が武具による造り物だということがはっきりします。こうした見立てが造り物の大切な手法であった証です。

裂の装飾も現在まで残っていることで、模本でも前懸が少し見えますし、虎の皮が船首の水切りのあたりにかかる装飾尽くしとなっています。

なぜ裂で船を飾るのでしょうか？　船の本体は、木組を中心とした極めて簡素なものです。現在の祇園祭の鉾は豪華な装飾品や金具を散りばめていますが、禿柱や真木の下部は全部裂で包んでいます。高欄も簡単に取り外せるような構造です。

図8 鉾の車輪部分（月次祭礼図模本）

ではなぜ山・鉾・船の本体は簡素なのか。ここには山鉾の本質にかかわる心が秘められています。一つは山・鉾・船はいつでも解体できるということ。祭りのときに組み立てて、祭りが終わったら即、解体するという存在であったということです。山鉾は疫癘を鎮め送り出す装置でした。終われば直ちに消え去るべき存在だったのです。このことが裂を用いた装飾にも反映していると考えられます。
裂はいくらでも取り換え自由であり、変化をつけることもできます。祇園祭を「動く美術館」というのはここから来ることで、裂は何も晴れ着だけではなく、古くなった裂はだんだんお下がりになって、最後は雨のときにかける雨かけになっていました。山鉾町には、こうして色々な織物が蓄積され多く残されており、それが染織品の宝庫として歴史的に貴重な文化財にもなっているのです。

模本に描かれた当時の山や鉾の構造は、四輪の車になっていることは確かですが、まだ巨大な車ではなく、御所車のような組み車に、縦横に板を打ちつけて補強していました。

現代のような巨大な組み車になるのは江戸時代以降のことです。当時の形式では鉾は安定しません。だから真木には引き綱がついていて、これを四方八方から引き支えて倒れないように運行していました。現在では、この引き綱が屋根方の命綱になって、わずかに残っていますが、下で引っ張ってはいません。車が巨大化し、重心が下がって鉾が安定したからです。鉾はこのような変遷を経て現在のような形になってきたということであります。

❖全国の山鉾から探る祇園祭山鉾の源流

各地祭礼の「鉾」の諸相

笠鉾がなぜ祇園祭の山鉾の祖型であるかということにもかかわることですが、京都の祭礼に残っている剣鉾《けんほこ》（氏子の鉾町や鉾仲間が出す剣先型の鉾）を除き、全国各地の祭りに残る「鉾」はすべて笠鉾です。剣先型の「鉾」はどこにも見当たりません。

・誉田八幡宮の笠鉾（図9）

大阪府羽曳野市の誉田《こんだ》八幡宮に伝えられてきた二基の笠鉾の図です。中世後期に始まったと想定される鉾で、屋形の上に笠を立て、造り物の花で装飾した笠鉾の形態です。その下の屋形で稚児が踊っています。その囃子方は楽人の姿で、稚児は胸に羯鼓という小さい締め太鼓をつけ、それを打ちつつ踊る様子です。これは中世における山鉾の囃子に共通して見られる非常に重要な特色です。

・粉河祭のだんじり（図10）

和歌山県紀の川市粉《こ》河祭《かわまつり》のだんじりは四輪の曳山ですが、形態は笠鉾です。

図9 誉田八幡宮の笠鉾
（『河内鑑名所記』）

図10 粉河祭のだんじり
（和歌山県紀の川市）

下から真っすぐ真木が立ち上がっていてそのてっぺんに髯籠《ひげこ》の出しが載っています。折口信夫《おりぐちしのぶ》はこの髯籠から着想を得て、髯籠の編み残しの部分が「山車《だし》」ということばの語源と考え、「依代《よりしろ》論」を著すきっかけになったといわれています。しかし、真木の笠の部分に注目すると完全に笠鉾です。笠の真木が長くなっただけです。これに行灯《あんどん》がつきまして、この下の台車に囃子方が乗って囃していますが「祇園囃子」とは別系です。

・生根神社の「だいがく」（図11）

大阪市西成区生根《いくね》神社の「だいがく」も、やはり真木がずっと立ち上がっており、笠型が二重になっています。外側に鈴がついていて、山型の三角帽子状の網隠しの上に神楽鈴の出しがそびえています。構造的には祇園祭の鉾と同じです。夜用に灯籠仕立ての額がついており、その下に三角形様に提灯がつき、真木の下部に太鼓を乗せ、これを打ち囃し舁き歩きます。

・魚津の「たてもん」（図12）

富山県魚津市の「たてもん」で、先端に笠、そこから枝垂れ状に花枝が広がり、真木に灯籠と提灯がついています。現在は発光するように工夫されていますが、

図11　生根神社のだいがく
（大阪市西成区）

この灯籠の部分に造り物的な要素を残しています。これもやはり笠鉾です。

・夜高あんどん（図13）

富山県南砺市福野に「夜高《よたか》あんどん」という祭りがあります。挿図は明治時代の写真ですが、明らかに笠鉾型です。笠があってその上に出し飾りが載った巨大なもので、中心に真木が立ち上がっていて、額の部分も灯籠です。軒並からはるかに高く立ち上がる灯籠仕立ての笠鉾です。今も非常に華やかな灯籠に仕立て、巡行をしています。青森県の「ねぶた」とつながっていく、古いかたちの伝承です。

大事なことはこれらがすべて巨大化した笠鉾という事実です。あいまって祇園祭の鉾が笠鉾を母胎に成立したことを語る傍証といえましょう。

図12 たてもん（富山県魚津市）

図13 明治時代の夜高あんどん（富山県南砺市）

巨大な造り山　二つの分布圏

「山」は山型を本体とする笠鉾型の造り山から発展をしたものであり、本来「山」は祭りの都度、組み立てられ、毎年趣向が変わる造り物であったと想定されます。そして祭りが終わったらすぐ壊されるものでした。

造り山の中心は二つの山型です。「山」には巨大な山形を本体とする流れと、山型がなく、出し飾り自体が本体とみえる流れがあります。

図14　小友祇園の山笠（佐賀県唐津市）

福岡県の博多山笠は、本来は巨大な山の造り物でしたが、それがだんだん小さくなっていき、舁いていかに速く移動できるか、スピードを競うものに変わってきています。

その古い形態を残しているのが、佐賀県唐津市の小友《こども》祇園の山です。本体の上から下へ四段に布をかけて滝とし、本体が山であることを表しています。一見、山とは見えませんが、滝の前後で表・裏に振り分け、てっぺんに「のぼり」が立ちます。引きずり回すもので、車はついておりません。舁山の変形ですが、本体に屋形や人形や樹木などを飾りつけて大きな山に造るもので、笠型はありませんが、「山笠」の名に古いかたちを伝えています。

ちなみにこの「のぼり」は三十三歳の厄年の女性が奉献する厄除けであり、それを山に飾ってもらいます。しかもそれを運行する舁《か》き手は全部厄年の村の人たちが総出で当たるのが本来のかたちであったといわれております。小さい子ども用の山も出ますが、それぞれ一基だけです。

小友祇園の山は笠鉾の上の出しが巨大化したものですが、こういう造り山の伝統を受け継いでいる祭りには、二つの大きな分布圏があります。一つは博多を中心とした北九州で、およそ一〇〇カ所を超える同タイプの祭りが、いろいろなかたちで分布しています。

図15 土崎神明社の祭礼の山（明治30年代、秋田市）

もう一つは北陸から東北にかけての航路に沿って分布している祭りのタイプです。

東北地方の例では、秋田の港であった土崎、その神明社の明治三十年代の祭りの古写真を見ますと、基本形は山であり、滝で二分されていて、いたるところにさまざまな飾り物をつけています。つまり笠の上の出し部分が写真のように巨大な山になった例

図16「風流物」(茨城県日立市)

図17「やま行事」の山(秋田県角館市)

です。

茨城県日立市の「風流物《ふうりゅうもの》」といわれる祭礼を見ますと、表には五段の屋形がついていて、それが左右に開いて一斉に人形操《あやつ》りを演じます。それが終わりますと、ぐるっと上だけ回して裏山を見せます。表の側ばかり注目されますが、この裏山が山の本体です。この山は、滝はないですが二つ山（二連峰）になっており、上から龍がからくりで下りてきて下で踊る村人が食われてしまうという情景を素朴なからくりと操りで見せます。「風流」の特色をよく残す祭りだといえます。古くは笠鉾とよばれていました。

秋田県角館《かくのだて》市のやま行事では、曳山《ひきやま》が小さくなったため、本来の山を「置山」のかたちで祭りに飾ります。この山でもやはり滝は流れています。今は小さくした二つ山の曳山が角館のやま行事を賑しています。

その曳山は表の飾りと、「見返し」という見送りに当たる裏の造り物とがそれぞれ趣向が違う造りです。表・裏の趣向を違えるのは、前述の小友祇園の山の場合と同じです。表を見て面白いと感じ、また行き過ぎて裏を見ると違った趣向が現れる、そういうところが「風流」といわれるゆえんです。

❋祇園囃子と羯鼓稚児の源流

中世の羯鼓稚児と現在のお稚児さん

現在の祇園囃子と中世の山鉾の囃子は、全く違ったものでした。近世以前の囃子は風流拍子物がそのまま山鉾に乗ったイメージです。

中世の祇園祭の囃子は「月次祭礼図摸本」に描かれています。その様子は躍動的な笠鷺鉾の踊りがそのまま乗った印象です。メインは羯鼓の踊りです。持たせた太鼓を打つ者だけが赤熊《しゃぐま》をかぶっていますが、この太鼓の役は、羯鼓打と並ぶ拍子物の見せどころでした。

狂言に「太鼓負《たいこおい》」という曲があります。あらすじは、ある男があまりにも芸がないので、女房から愛想を尽かされて離縁されるのですが、

図18 鉾での稚児の様子（月次祭礼図模本）

祇園祭になると、途端に太鼓持ちの芸を発揮し、芸なしと思っていた旦那が実はすごい芸の持ち主だということがわかり、女房と復縁し、めでたしめでたしというものです。この狂言によると、太鼓を打つ者よりも太鼓を操る者のほうが陰の花形であったということですが、その様子を伝える風流拍子物が結構残っています。

図19 祇園祭・長刀鉾のお稚児さん

模本の鉾ではこの太鼓打に鼓・鉦《かね》（推定）・笛が加わり、羯鼓の稚児を囃していますが、高欄のところに八人の烏帽子をかぶった子どもたちが寄りかかっています。これは何者かといいますと、拍子物が鉾に乗るようになって出番がなくなった役者と解釈せざるを得ません。

この中世の羯鼓稚児の名残が現在、祇園祭の長刀鉾に登場するお稚児さん（生き稚児）です。儀礼化して、特に踊りらしい踊りをしませんが、羯鼓を打つ所作が往時を偲ばせます。

かつて祇園祭の六基の鉾の羯鼓打はすべて生き稚児でした。それが明治時代に入ってすべて「人形稚児」に変わってしまいました。

各地の祭礼から探る中世祇園祭の囃子、羯鼓稚児

・宍喰祇園

中世末に描かれた「日吉山王・祇園祭礼図」をみますと、描かれた月鉾（図20）には羯鼓稚児が二人乗っています。全国の祭礼を見ていきますと、羯鼓稚児が一人のところと二人のところがあります。その一つの典型的な事例が、徳島県海陽町宍喰《ししくい》の祇園祭です。この祭礼は中世の祇園祭の山鉾を導入したかたちを伝えている唯一の伝承です。「大山」と「小山」といって、

図20 月鉾の囃し（「日吉山王・祇園祭礼図」 16世紀 サントリー美術館蔵）

連結して曳いていますが、図21のように青柴で屋根を葺くところにも古い形式が残る簡素な形態です。鉾は背丈が小さいように見えますが、鉄道の高架ができて神社に行けなくなり、高さ約一五メートルあった真木を切って縮めたためです。

前述の「月次祭礼図模本」は天秤棒で小さい桶を担いでいる「桂男」（図22）が描かれていました。それがこの宍喰祇園では図23のように「大山」を飾っています。方形に高欄が付く台に乗っていますが、明治時代の末までは笠型で、その屋形に囃子方が乗り、稚児が舞いました。囃しながら巡行した

図21　宍喰祇園祭の長刀鉾(徳島県海陽市)

図24　宍喰祇園祭の「さんやれ」

図25　宍喰祇園祭の「羯鼓」

図26　宍喰祇園祭の「獅子」

図22　月次祭礼図模本に描かれる桂男

図23　宍喰祇園祭の大山にみる桂男

のです。現在は鉾から下りて徒歩で行列し、稚児の舞は八坂神社で行なわれています。稚児の舞は三曲、まず初めは「さんやれ」（図24）です。次が「羯鼓」（図25）です。一人舞で羯鼓をつけています。最後が「獅子」（図26）で、能に出る扇獅子のように扇をかぶって、獅子に扮するというスタイルです。能との関係を示していますが、舞は形ばかりとなっています。

・津島祭礼図屏風

尾張（愛知県）の津島天王の祭礼を描いた西本願寺所蔵の「津島天王社祭礼図屏風」をみますと、各六台の大山と車楽《だんじり》が船で巡行しています。現在は車楽だけが羯鼓稚児を乗せて巡行しています。

図27 津島天王社祭礼図屏風（部分）
西本願寺蔵

大山は明治のはじめに途絶しましたが、大きな箱を三段積み重ね幕で覆った形態で、上段で龍が舞いそれぞれにからくりを見せていました。図27の大山は放下師《ほうかし》が斜めに下がっている綱を滑り降りる曲芸を演じています。

大山は真ん中に真木が立ち上がっています。「大山」といっていますが鉾です。鉾と車楽がセットになって出る祭りの典型でした。津島天王社は、東日本における祇園信仰のもう一つの中心であり、伊勢参りのときは必ずここにお参りしたという神社です。

このように、祇園祭で成立した鉾・山・屋台が全国に分布する山鉾や屋台の祭りにさまざまなかたちで影響を及ぼしているわけですが、中世に由来する山鉾は羯鼓の稚児を共有し、それが大きな特色であり、山鉾とその囃子が風流拍子物から発した証ともなっています。

山鉾の役割と心

近世以降進んだ山鉾の装飾化、神体化

このようなかたちで祇園祭山鉾は十五世紀の半ばごろまで継続してきましたが、祇園祭は応仁の乱で三三年間にわたって途絶、明応九年（一五〇〇）にようやく復活し、山鉾も再興されました。しかし、そのとき復興した鉾は長刀鉾のみで、それ以外は全て山で出ました。

応仁の乱まで祭りを賑した山鉾は前後合わせて六〇を数えました。明応九年に復興したのは山が二五基、鉾が一基の、合計二六基ですが、後祭は一〇基に止まり、しかも鉾がなく山だけでした。

こうして復興された山や鉾が徐々に、今日のような豪華華麗な装いの山鉾へと変わっていきます。工芸的な美を尽くした金具で飾り、天井に絵画を描くというように芸術的に凝ったものに変わってい

くのです。

　こうした山鉾の美化は江戸時代に入ってからのことで、それを象徴するのが、曳山の鉾化です。これまで露天であった曳山が鉾のかたちに変っていきます。鉾の真木の代わりに松が立つというだけの違いですが、鉾と肩を並べる形になりました。前祭の岩戸山、後祭の南北二つの観音山です。

　豪華華麗な山鉾への発展とともに山鉾の神聖化がすすみました。山鉾の人形をご神体とする信仰です。これは、祇園祭が遊び事ではないということを幕府に示し、自分たちの豪華な祭りを受け継いでいく一つの工夫であったと考えられます。「山」の松が真松に変わったのもその現れです。神事であれば幕府も規制はできません。下京の町衆はそうして祭りの伝統を受け継いできたのです。

結界としての山鉾の役割　町内の災厄を集めて外部に送り出す

　では、祇園祭で山鉾はどのような意味合いを持つものであったのか、山鉾の心の問題について考えてみます。

　まず山や鉾は、疫病をいかに防ぐかということにかかわる造り物であるということです。その源流は前述したように「風流拍子物」で、それは笠鉾を中心にして人々が囃しながら移動し、笠鉾に依り付かせた「モノ」を送り出すのがその役割でした。それを受け継いだのが山鉾の祭りにほかなりません。

現在、京都市北区の今宮神社など四カ所に「やすらい花」という祭りが伝わっています。風流傘や囃子をともなう祭りで、室町時代後期に始まったといわれます。二人の羯鼓稚児と鉦・太鼓を打ち踊る「大鬼」による風流拍子物で、平安時代末期に始まる「やすらい花」がその先蹤です。

現在でも、笠鉾が巡行しますと、その下へ人々が体を寄せて災厄を笠鉾に託すという習俗が残っています。つまり、山鉾の元は「風流傘」といわれた笠鉾であり、さまざまな災いをもたらす種《モノ》をそこへ寄せ集め、それを囃しながら巡行し今宮の疫神社に封じ込めたのです。

山鉾の巡行もそれと同じであり、下京の周辺を巡り、外界からの侵入を塞ぎ、内から外界へモノを送り、災いを防ごうというのです。それが山鉾の本来の心であり、役割だったのです。

祭りが終わったら即、解体する山鉾の心

山鉾は、前祭では四条通を東へ進んで、かつて京極といわれた寺町通を南に下がり、松原通を西に行き、山鉾町に戻りました。後祭は三条烏丸のあたりから東へ進んで、寺町通を南へ下がり、四条通を西に来て町に戻りました。つまり前祭と後祭で、当時の下京の周辺を巡行したのです。その巡行路も実はこのお祭りの心にかかわる一つのかたちにほかなりません。

私はある年、山鉾の巡行終了後の様子をゆっくり調査しようと思い、山鉾町に行きました。ですが、鉾は骨組だけで、山はもう影も形もありませんでした。山鉾は山鉾巡行後、直ちに解体してしまうからです。びっくりした記憶が鮮明です。

御池通新町からの帰途、ある山が鉈で真松を切り倒す光景に出合ったのも衝撃でした。解体することによって山鉾はなくなるのです。疫神を託す山や鉾が、いつまでもそのままの形で存在しては困るので解体するのです。

本来、疫神のシンボルというべき山鉾はすぐにつぶすものでした。それが恒久化したために大方の祭りが、そのまま格納するようになりましたが、祭りのときにだけしか姿を見せない、終わったらすぐ消える、という祇園祭のこの習俗は山鉾の祭りの心を今日まで残すとても大事な習しなのです。こういうところに、山鉾の祭り——祇園祭の心が伝えられているのです。

戦中・戦後の祇園祭—守るものと伝えること

仲林　亨
（八坂神社権禰宜）

戦後の祇園祭 三大転換期

私はこれまで戦中・戦後の祇園祭についてあまり調査したこともなく、この度の講演のお話を頂き、正直なところ困りました。また戦後のことを覚えているという方がいらっしゃる中で、戦争を経験していない世代の私がそれを語るということは本当に良いことなのかと感じながら調査いたしました。

調査を進めながら私は、戦後の祇園祭には三大転換期があると思いました。まず一つ目は、戦争中に中止されていた神輿渡御と山鉾巡行の復活です。二つ目は昭和三十一年（一九五六）に前祭の山鉾巡行路が変更されたこと。そして三つ目は、昭和四十一年に山鉾の前祭と後祭が統合されたことです。

これは平成二十六年（二〇一四）に後祭が復活することで元に戻りました。この三つの転換期を通して戦後の祇園祭を見ていきたいと思います。

まず戦中・戦後の祇園祭を知るための史料として、八坂神社の「日誌」があります。八坂神社の神職は、交代で神社に宿直します。その宿直の人がその日あったことを記した『社務日誌』といわれる日誌が明治元年（一八六八）からずっと続いています。それを読むことによって、戦時中や戦後のことを紐解いていきました。そして日誌でもわからない部分は、当時の新聞記事を頼りに調査しました。

神輿渡御と山鉾巡行

日本三大祭の一つである祇園祭は貞観十一年（八六九）に疫病平癒・国家安寧を祈るために始まって以来、本年（二〇一九年）で創始千百五十年の歴史を持つ祭です。祇園祭は毎年七月の一カ月間行われその間に多くの神事がありますが、その中でも本節では神輿渡御と山鉾巡行を中心に話題を進めます。

神輿渡御と山鉾巡行を概略して述べますと、まず初めに、七月十日と二十八日に神輿洗式という神事があります。この日、朝十時に八坂神社の神職と氏子の中でも祇園町の人々によって構成される宮本組が四条大橋まで行き、井戸の水を汲むようにして四条大橋から鴨川の水を汲みます。その水を四条大橋よりも南側の宮川の祓所に運び、お祓いをして神用水という清らかな水を作ります。そして夕刻、八坂神社から大きい松明が出て四条大橋に向かいます。これを「道調べの儀」といい、神輿が出る前に道を調べるのです。それが終わりましたら、三基ある神輿のうちの一基だけが四条大橋に行きます。神輿の下に、朝汲んだ神用水があり、それに榊を浸して三回かけます。この清らかな水を神輿にかけることによって神輿を洗うという神事です。

三基の神輿があるといいましたが、三基のうち屋根が六角形の神輿を、中御座《なかござ》神輿といいます。三《さん》若《わか》神輿会の方々が舁《か》かれる神輿で、素戔嗚尊《すさのをのみこと》をお乗せします。次は東御座神輿といわれる神輿で四若《しわか》神輿会の方々が舁かれます。素戔嗚尊の奥様・櫛稲田姫命《くしいなだひめのみこと》が乗られる神輿で屋根が四角形です。そして、錦《にしき》神輿会が舁かれる西御座神輿といわれる神輿は八柱御子神《やはしらのみこがみ》という素戔嗚尊のお子様たちが乗られていて、屋根は八角形になります。

7月10日	神輿洗式
7月17日	前祭山鉾巡行
7月17日	神幸祭（神輿渡御）
7月24日	後祭山鉾巡行
7月24日	還幸祭（神輿渡御）
7月28日	神輿洗式

図1 祇園祭の日程（7月10〜28日）

一方、七月十七日には前祭の、二十四日には後祭の山鉾巡行が行われます。両日とも山鉾巡行は午前中で、午後になりますと神輿が渡御します。十七日に神輿が出ることを神幸祭《しんこうさい》、二十四日に帰ってくることを還幸祭《かんこうさい》といいます。まず初めに、八坂神社西楼門の前に三基の神輿（正確には四基）がまず集合してお祓いをする出発式があります。それが終わりましたら、それぞれの神輿が決まったルートを通って四条寺町の御旅所に向かいます。当社の御旅所は普段お土産物を販売している所ですが、本来は神輿を留めるための場所です。そこに十七日から一週間留まり、二十四日に八坂神社へ神様たちがお帰りになる、というかたちになります。

神輿は八坂神社が所有しているもので、三若・四若・錦の各神輿会の皆さんが舁いてくださいます。私たち神職は神輿を舁くことはできず、神輿会の方々に舁いてもらうのです。

それに対し山鉾は、長刀鉾が長刀鉾町の持ち物であるように各町内の所有で、八坂神社の所有ではないのです。そして各鉾や山を所有する町内が集まって「祇園祭山鉾連合会」が組織され、その方々が山鉾巡行を行ってくださいます。

戦中から終戦直後の八坂神社と祇園祭

大戦末期の八坂神社

戦中から戦後の八坂神社と祇園祭を語る上で主人公ともいえる人物が高原《たかはら》美忠《よしただ》宮司（在任当時、一八九二〜一九八九）です。高原宮司は明治二十五年（一八九二）、岡山県のご出身で経歴を見ますといろいろな神社の宮司を務められています。今日ではあり得ないことですが、戦前まで神社は国家によって管理されていましたので、宮司は国から任地を定められており、国から神社の予算や神職の給料も出されていました。高原宮司は栃木県の日光東照宮に奉職された後、石川県の白山比咩《しらやまひめ》神社の宮司に三十二歳で就任されています。その後、各地の神社を経て、昭和十三年（一九三八）に八坂神社の宮司に就任。同五十一年まで宮司を務められています。

この高原宮司をサポートされたのが、高原宮司の後に八坂神社宮司に就任された鈴木日出年《ひでとし》宮司（在任当時、一九〇九〜二〇〇〇）です。鈴木宮司は明治四十二年のお生まれで、高原宮司よりも十七歳年下でした。愛知県岡崎市のご出身で、はじめは伏見稲荷大社の嘱託として『稲荷神社史』という歴史書の編纂をされていました。のちに兵役で二度にわたり中国大陸に行かれます。その後八坂神社に主典（現在八坂神社にはない神職の職位）として来られます。さらにそのあと二回戦争に行かれ、復員後、八坂神社で禰宜・権宮司を経て、宮司に就かれました。

ではまず転換期の一つ目である戦後の神輿渡御、山鉾巡行はどのように復活したかを知るために、まずは戦争中の八坂神社の状況を見ていきます。

供出・配給・疎開

まず一つ目は、職員についてです。当時の神職は度重なる各地への異動があり、戦争中であっても、国からの任地異動の指示があれば替わるしかありませんでした。高原宮司は異動されませんでしたが、それ以外の中心的な神職はほとんど替わっています。その上、前述の鈴木宮司のように応召によって戦争に呼ばれ、戦地に赴いた神職や職員がいる中で神社を守らなければならない状況でした。

次は物品、物資の問題です。戦争中は国策のため「金属回収」として金属を国に供出しなければならない状況で、神社も例外ではありませんでした。境内には銅製の馬の像や灯籠等があり、それらを供出するために奉納者の了解を取ったという記録が残っております。また神様へのお供え物である神《しん》饌《せん》は米・酒・塩・水を基本として、餅、魚、野菜等が加わりますが、米等は国からの配給となりました。その配給をもらうために神社職員がいろいろな所に行ったとか、お酒を頂くために伏見方面の酒蔵へお願いに行ったという記録が多く残っています。

三番目は疎開の問題です。疎開というと子どもなど人間が対象と思われますが、神社では「もの」が対象でした。まず、八坂神社にはたくさんの文書類がありますが、それを長岡天満宮（京都府長岡京市）に預かってもらいました。次に祭礼などで着用するさまざまな装束類ですが、全部移動させると祭ができませんので、分散というかたちで賀茂《かも》別雷《わけいかづち》神社（上賀茂神社）に預けています。次に伝源頼朝奉納の獅子狛犬は現在、京都国立博物館に寄託していますが、当時は仁和寺に預かってもらっていました。また円山応挙が描いた鶏の衝立も仁和寺に預けていたようで、記録によりますと京都府が手配してくれたトラックに載せて仁和寺まで運んだと書いてあります。

各山や鉾の御神体（人形）については、函谷《かんこ》鉾・南観音山・役《えんの》行者《ぎょうじゃ》山・郭巨《かっきょ》山・橋弁慶《はしべんけい》山から八坂神社に預けたという記録が残っています。そして四若神輿会が自分たちで持っていた神輿用具を八坂神社に預けたとの記録もあります。

戦時下では、空襲警報や警戒警報等、常に警報が出されました。昼夜かまわず、鳴ったらすぐに神社の中で緊急配備につくわけです。当時の記録を見ますと、祭典中、宮司が祝詞《のりと》を奏上すると同時に警報が発令されたが祭は続け、参列していた子どもたちだけ避難させたと記録されています。

昭和二十年一月十六日に、八坂神社から南、約一・五キロぐらいのところにある馬町《うままち》（東山区）が空襲を受けます。同年一月十四日には伊勢神宮の外宮《げくう》に爆弾が落とされており、その上、十六日に馬町が空襲を受けたので、当時の神職たちは本当に八坂神社が危ないのではないかと心配されたと思います。馬町の空襲以降、毎日のように警報が発令されていることが日誌の記述からわかります。

戦時下の神職・神社の文化活動

そのような状況の中であっても神社では様々な活動がなされていました。まず一つ目は講演です。氏子区内の国民学校（現在の小学校）に宮司自ら行かれ、「家庭祭祀講演」という講演をされています。

それは神社でどのような祭をするかというような話題ではなく、皆さんのご家庭において、例えばお正月には門松を立てたり、鏡餅を飾るというお祭りをしますが、それをどのようにすれば良いかということを数多く講演されています。「夕刻」と大体書いてありますので、学校が終わってから講演を行っています。ですので子どもではなく、大人が聞きに来ていたと思われます。

次に教育です。髙原宮司は、神職を養成する学校として現在もある京都國學院の先生でもありましたので、神職の養成もされていました。

また研究活動として、府内の神職とともに八坂神社を会場にして「祭祀研究会」という名称で、いろいろな神事をどのように行えば良いかという研究会が行われていました。

さらに調査活動として、昭和十九年（一九四四）七月十九日から二十三日にかけて、鈴木主典、つまりのちの鈴木日出年宮司が祇園祭文書借用のため山鉾町に出向されています。各町内が持っている文書を借用し、恐らくそれを書き写すなどの調査をされたのだと思います。しかしこの調査は二十三日で終わっています。なぜかというとこの日の夕刻、鈴木主典に戦争への召集通知が来たためで、二十四日から戦地に赴かれました。

神社での文化活動ということでは、八坂神社の中で和歌の献詠会が行われました。また「献茶」として茶の湯についての活動も行われました。そして昭和十七年（一九四二）には『八坂神社叢書』として、八坂神社所蔵の古文書を活字化した本を発刊しています。このように髙原宮司は文化的な活動をとても大事にされる方だったということがわかります。

戦勝祈願祭——戦時下の神事の様子

では、戦時中、八坂神社ではどのような神事を行っていたのでしょうか。

まず現在も同様ですが、毎月一日と十五日に月次祭《つきなみさい》という月ごとの祭を行っています。それに合わせて「出征軍人武運長久祈願祭」という祭典が行われていました。戦争に行かれた方の武運を祈る祭で、参列者は家族が出征をして、その留守を守るご家庭の方々でした。

図2 昭和17年の祇園祭の山鉾（「祈皇軍武運長久」の懸垂幕）

また昭和十九年七月十三日午前六時に、京都府下の神社が一斉に「戦勝祈願祭」を行ったそうです。

大日本神祇会京都府支部という組織からの申し入れによって行われたそうで、京都府だけではなく日本全国の神社でも執行されたのではないでしょうか。

この祭は一回で終わりましたが、その後、髙原宮司は昭和十九年九月十三日から二十年八月十五日の終戦の日まで、参《さん》籠《ろう》の上、戦勝祈願祭を毎日奉仕されました。参籠とは神社に忌みこもることで、神社の中にいて肉食せず、お酒も飲まず、雅楽を演奏するなど楽しみ事は一切しません。身を慎んで神社に泊まるということで、このように身を清めた状態で毎日この祈願祭を行われました。そこまでの覚悟を持って国のために祈りを捧げられていたのだと思います。

81ページの写真は、昭和十七年の山鉾巡行の様子です。山鉾から「祈皇軍武運長久」と書かれた懸垂幕が垂れているように、当時は祇園祭という疫病平癒の祭でありながらも、みんなが国を思いながら神事を行っていたのです。

戦時下から終戦直後までの祇園祭の変化

祇園祭が戦時中どのように変わっていくかを、83ページの資料にまとめてみました。

まず太平洋戦争は昭和十六年（一九四一）十二月八日の真珠湾攻撃から始まりますが、七月の祇園祭には影響はなく、この年は普通に行われ、神輿も山鉾も出ています。

翌十七年も、神輿渡御・山鉾巡行ともにありましたが、昭和十八年になりますと、まず山鉾巡行がなくなります。会議によって時節柄、巡行を控えるように、ということでなくなりました。しかし神輿渡御は、一部ルートを変更しながら行われています。

山鉾巡行は中止しましたが、この年の記録を見ると、八坂神社で各山鉾町の祇園囃子奉納があったようです。鉾町、山町の人たちは、戦争中のため山鉾を建てたり、巡行することはできないが、かわりに何をしようかと考えた結果、祇園囃子を奉納されたのだと思われます。できる限りの神事を自分たちで行おうとする、その当時の人々の思いがここから伝わります。

昭和十九年になりますと、神輿洗はありましたが、神輿渡御も山鉾巡行もなくなります。昭和二十

昭和16年(1941)

戦況	12月8日　開戦			
山鉾巡行		17日(前祭)	24日(後祭)	
		巡行あり	巡行あり	
神輿渡御	10日(神輿洗)	17日(神幸祭)	24日(還幸祭)	28日(神輿洗)
	斎行	渡御あり	渡御あり	斎行
特記事項	少将井神社例祭参列の初見			

昭和17年(1942)

戦況				
山鉾巡行		17日(前祭)	24日(後祭)	
		巡行あり	巡行あり	
神輿渡御	10日(神輿洗)	17日(神幸祭)	24日(還幸祭)	28日(神輿洗)
	斎行	渡御あり	渡御あり	斎行
特記事項	宵山の提灯点灯中止			

昭和18年(1943)

戦況				
山鉾巡行		17日(前祭)	24日(後祭)	
		巡行なし	巡行なし	
神輿渡御	10日(神輿洗)	17日(神幸祭)	24日(還幸祭)	28日(神輿洗)
	斎行	神幸路 一部変更	斎行	斎行
特記事項	八坂神社にて各山鉾町の祇園囃子奉納			

昭和19年(1944)

戦況				
山鉾巡行		17日(前祭)	24日(後祭)	
		巡行なし (本殿にて祭典)		
神輿渡御	15日(神輿洗)	17日(神幸祭)	24日(還幸祭)	25日(神輿洗)
	斎行	渡御なし	渡御なし	斎行
特記事項	7月16日 表千家元 千宗左氏(即中斎)献茶祭開始			

昭和20年(1945)

戦況	1月16日 馬町空襲・6月26 西陣空襲・8月15日 終戦			
山鉾巡行		17日(前祭)	24日(後祭)	
		巡行なし (本殿にて祭典)		
神輿渡御	10日(神輿洗)	17日(神幸祭)	24日(還幸祭)	28日(神輿洗)
	なし	渡御なし	渡御なし	なし
特記事項	8月10日 五条警察より御旅所疎開の通知			

戦中の祇園祭の変遷表(昭和16〜20年)

年も神輿渡御・山鉾巡行ともにありません。

同年八月十日、五条警察署より御旅所の疎開通知が来ました。当時は「建物疎開」といって建物を立ち退かせたり、または取り壊すことによって空き地を作り、それによって爆撃による建物の類焼を防ぎました。四条寺町にある御旅所もついにその対象となってしまったのです。実際に疎開にあたっての話し合いが行われたのですが、奇しくも八月十五日に終戦となったので、立ち退きをせずに済んだのです。

昭和二十一年、戦争は終わりましたが、まだ神輿渡御も山鉾巡行もありません。しかし七月十六、十七、二十三、二十四日の四日間、各山鉾町の囃子方が八坂神社にて祇園囃子の奉納をしてくださいました。

昭和二十二年になってやっと長刀鉾と月鉾の二つの山鉾が建ちます。しかし完全な巡行はまだ実現せず、四条寺町までの往復巡行を長刀鉾だけが行いました。そしてこの年、神輿渡御も復活しました。

昭和二十三年には北観音山と船鉾が四条寺町までの往復巡行を行い、翌二十四年にはさらに多くの山鉾が巡行を行いました。神輿洗も二十四年より十日と二十八日の両日、四条大橋にて行われるようになりました。その後はどんどん復活をしていく流れになります。

この昭和十六年から戦後の復活にかけて、山鉾を守る人たちが必ず行っていた神事があります。それは「清祓」といわれるものです。

清祓とは、実際に山や鉾が組み立てられた後、神職が町内に行きまして、御神体（人形）や山、鉾をお祓いすることです。そのため、巡行が行われず山や鉾を建てることがなければ、清祓も必要ないといえますが、山や鉾が建たなくても清祓は行おうという、当時の人々の神事を思う気持ちがここからわかります。

昭和二十年の八坂神社――戦勝祈願を終え、国の管理を離れる

八坂神社での終戦の日、つまり昭和二十年（一九四五）八月十五日はどのようなものだったのでしょうか。

もちろん、当時の人々はその日、終戦を迎えると思っていないので、普通に一日が始まっています。まずは毎朝行われていた、宮司自ら奉仕される戦勝祈願祭がいつもの通り行われました。そして、十五日は月次祭の日ですので、月次祭も斎行されています。

しかし、正午からの出来事を『社務日誌』の記述をそのまま引用してみますと、

正午天皇陛下ラジオヲ通ジテ大東亜戦争終了ノ詔書ヲ発セラル続イテポツダム宣言受諾ノ発表アリ昭和十六年十二月八日大東亜戦争開始以来五年ノ努力空シク泣《（ママ）》ヲノンデ矛ヲ修ム

と書かれております。このようにして八坂神社は終戦の日を迎えたのです。

その後、「午後二時戦勝祈願納ノ祭執行宮司、海老沼主典、福井出仕奉仕」とあり、宮司自ら今まで戦勝祈願をしていましたが、それをここで納めさせていただきますという旨の祝詞を奏上されたであろう神事が行われています。

終戦を迎えた後、進駐軍が京都に来ます。昭和二十年九月十四日に「松原署員二名来社禰宜面接ス進駐軍禁止區域設定ノ件」という進駐軍の記述が出てきます。同じく九月二十五日、「本日ヨリ聯合國軍進駐軍京都市内進駐ヲ始ムルニヨリ市民ノ外出交通ニ制限アリ」という、当時の状況が書かれています。

昭和二十年十二月十六日、「午後七時ノラジオ報道ニヨリマッカーサ司令部ヨリ昨日付ヲ以テ神社ヲ公的性ノモノヨリ一切禁止スル旨発表アリタル由報道セリ」ということで、今まで国の管理を受けていた神社が、ＧＨＱのマッカーサーの指令、いわゆる「神道指令」によって、政治から切り離されます。現在では当たり前である政教分離がここではっきりとなされるのです。終戦まで神社は国から予算をもらい、国から辞令を受けた人が神社に入り、国から給与をもらっていましたが、「神道指令」によって突然、予算が与えられなくなりました。そのため神社ごとで神社を維持してゆく状態になります。八坂神社も髙原宮司を中心に管理はじめ経営の舵を取って守るという事態がやってきたのです。

戦後初めての祇園祭（昭和二十一年）

その後、髙原宮司をはじめ八坂神社の神職たちが、戦後初めての祇園祭をどのように迎えたかといいますと、まず先述の通り昭和二十一年（一九四六）七月十六日から二十四日の間に、各山鉾町が八坂神社で祇園囃子を奉納しています。そして十七日に本殿の中で祭典を行っており、その時の様子が『社務日誌』に書かれています。

「午前九時前祇園祭執行祭典中ニ在リテ一、御社舞奉奏（長谷奉仕）一、池ノ坊塚本氏献華」

とあり、祭典中に舞と献華があったことがわかります。髙原宮司は山鉾が出ないかわりに献華や舞を奉奏されたのではないかと思われます。

ここに記されている「御社舞」

昭和21年（1946）

山鉾巡行		17日（前祭）	24日（後祭）	
		巡行なし（本殿にて祭典）		
神輿渡御	10日（神輿洗）	17日（神幸祭）	24日（還幸祭）	28日（神輿洗）
	なし	渡御なし	渡御なし	なし
特記事項	7月16・17・23・24日八坂神社にて祇園囃子奉納			

昭和22年（1947）

山鉾巡行		17日（前祭）	24日（後祭）	
		長刀鉾と月鉾建つ	巡行なし	
神輿渡御	16日（神輿洗）	17日（神幸祭）	24日（還幸祭）	24日（神輿洗）
	拝殿前にて斎行	渡御復興		斎行（境内）
特記事項	長刀鉾のみ四条寺町迄往復巡行			

昭和23年（1948）

山鉾巡行		17日（前祭）	24日（後祭）	
		二基のみ往復巡行	巡行なし	
神輿渡御	10日（神輿洗）	17日（神幸祭）	24日（還幸祭）	24日（神輿洗）
	四条大橋にて斎行	渡御あり	渡御あり	斎行（境内）
特記事項	北観音山・船鉾四条寺町まで往復巡行			

昭和24年（1949）

山鉾巡行		17日（前祭）	24日（後祭）	
		四条寺町迄往復巡行	巡行なし	
神輿渡御	10日（神輿洗）	17日（神幸祭）	24日（還幸祭）	28日（神輿洗）
	斎行	渡御あり	渡御あり	斎行
特記事項	28日に神輿洗斎行			

戦後の祇園祭の変遷表（昭和21〜24年）

とは、現在ではどのような舞かは不明です。日誌に「長谷奉仕」とある長谷晴男氏は八坂神社から、愛知県の熱田神宮に転任され、最後は権宮司になられた方です。また三重県の皇學館大学では、祭式作法の講師をされた方でした。その長谷先生が舞われた舞なので、恐らく厳かな舞だったということが想像できます。

この日の境内の様子がわかる記述もあります。「午後六時半頃ヨリ参拝者激増シ佐々貴大中両出仕夜一時過マデ授与所ニ勤務ス」とあり、お守りなどを置いている授与所に夜の一時過ぎまで勤務していることがわかります。今日、夜中まで授与があるのは大晦日ぐらいですが、この年の七月十七日の夜は、深夜まで境内がごった返していたわけで、戦争が終わり、みんなが祇園祭を楽しみにしていたことがここからもわかります。

戦後初の山鉾巡行（昭和二十二年）

昭和二十二年（一九四七）六月二十四日の日誌に「午前九時鉾ノ件ニテ…万難ヲ排シ二基建立ト決議」とあり、話し合いが行われ、鉾を二基建てることが決まりました。それが長刀鉾と月鉾です。同年七月九日には、「宮司、祇園祭ノ件ニ付進駐軍憲兵司令部、市観光課へ出向」とあり、神輿や山鉾を動かすためには、進駐軍にお伺いを立てないといけないので、宮司自ら行かれたのです。

そして同年七月十六日、いわゆる宵山の日の記録に「十二時五十分、神輿組、長刀、月鉾、観光課、MP前集合打合セニ付宮司出向」とあります。MPとは進駐軍のことで、最終打ち合わせを進駐軍憲兵司令部でしています。

そして前祭当日の七月十七日には「宮司、鈴木禰宜長刀鉾出向ヘノ為、四条御旅所へ出向」とあり、長刀鉾が長刀鉾町から四条寺町の御旅所まで往復巡行を行うので、その出迎えのために二人が行かれたという記録が残っています。この鈴木禰宜とは後の鈴木日出年宮司のことです。そして「午後四時神幸祭執行」とあり、夜には神輿が出たことがわかり、二十二年にやっと神輿と山鉾が復活しました。復活のために高原宮司や鈴木宮司がとてもご尽力されたということがわかります。

山鉾巡行の進路変更と前祭・後祭の一本化

山鉾巡行の進路変更（昭和三十一年）——市側と高原宮司が激論

二番目の転換期は昭和三十一年（一九五六）の前祭山鉾巡行路の変更です。

まずは現在の巡行路の確認ですが、昭和三十六年以降の七月十七日の山鉾巡行の経路は、四条烏丸から東に向かい、河原町通を北上して、御池通を西に行くという反時計回りのコースです。しかしも

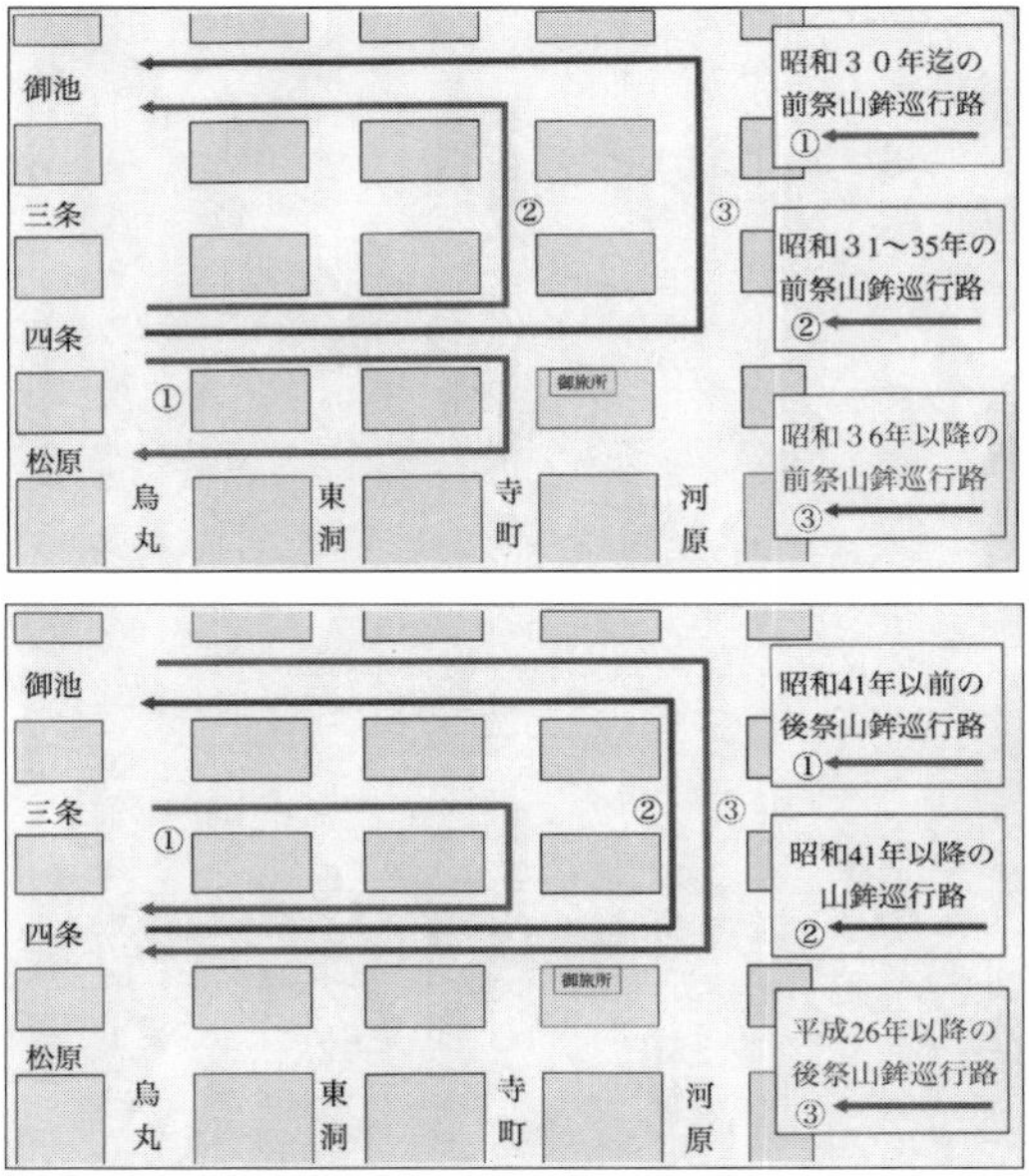

図3 山鉾巡行コースの変更（上：前祭 下：後祭）

ともとは四条烏丸から東へ行き、寺町通を南へ行き松原通に出る時計回りのコースだったのです。それが、三十一年に四条通から寺町通を北上して、御池通に出るルートに変わり、そして三十六年には寺町通が狭く、かつアーケードが建つことに伴い、広い河原町通への変更となり、河原町通から御池通に出る今のルートに変わっていったという変遷があります。

この変更を誰が発案したかといいますと、その当時の京都市長であった高山義《ぎ》三《ぞう》氏です。京都市では安全面と観光面の優先という意味で巡行路変更を提案しました。この安全面とは何かと言いますと、松原通の道幅に関するものです。道幅の狭い方が屋根方の活躍ぶりもあるわけですが、山鉾が屋根に当たり壊れてしまうとか、人も山鉾ぎりぎりの所まで見物している状況でした。それに対し、広い御池通を通した方が安全で良いのではないか、さらに今後たくさんの人に見てもらうためには、松原通ではこれ以上見物客を集めることができないだろうということで、御池通案が提案されたそうです。この提案に商工会議所や交通、観光関係の方、商店街の方が賛同しました。

それに対して八坂神社の髙原宮司は、今まで守ってきた祇園祭の神事を勝手に変えるわけにはいかないとして、京都市に対して真っ向から反対します。八坂神社婦人会も髙原宮司の立場に賛同し、八坂神社としては伝統と神事を守るためにルート変更は認めないという立場に立ちます。

これらの動きに対して、実際に山鉾を動かす祇園祭山鉾連合会でも話し合いがなされます。この時、もし御池通を巡行する場合、拝観席を設け、そこから入る拝観料などの観光収入の一部を山鉾連合会に対し補助金とするということが京都市から提案されました。戦後からの復興以降、各町内は赤字に耐えながら山鉾を維持していたのです。

図4 松原通を巡行する山鉾

同三十年一月二十日に京都市が巡行のコース変更の意向を表明して、髙原宮司と協議した際、先述の議論が起こりました。最終的には同年六月二十二日に山鉾連合会の臨時総会が八坂神社で開かれ、そこで投票が行われました。その結果、御池通を通る新コースに二二、旧コースに六、欠席一で新コースに決定しました。ただしこの時は、今年一年だけという条件つきでした。

これを京都市に報告しますと、市は今年一年だけの巡行のために、電線埋設にかかる工事費は支出できないとの回答をしました。なおかつ、七月十七日の祭であるにも関わらず、決定したのは六月二十二日でした。そのため工事が間に合わないということで、実際に新コースを通るのは三十一年に延期されました。髙原宮司はこの決定に関して新聞で次のようにコメントをされています。

> この決定は非常に不満だが決った以上和合して祇園祭を京都の代表的な祭として立派にやらねばならない。（昭和三十年六月二十三日付『産業経済新聞』）

> このような結果になって非常に残念だ。しかし一年限りのことであり松原通り復活へ神職の立場から努力したい。ここ当分は成行きを静観したい。（昭和三十年六月二十三日付『都新聞』）

髙原宮司はコメントの中で、神職として守るべきことは主張するが、みんなで決めた以上、これからは和合、協力して祇園祭を立派に行わなければならないということを述べられており、神職としての祇園祭に対する変わらない姿勢を示されているように思います。

前祭と後祭の統合――「氏子のみなさんの総意ならば…」（昭和四十一年）

こうして山鉾巡行は昭和三十一年（一九五六）から御池通を通ることになり、さらに同四十一年になると、その山鉾巡行の前祭と後祭が統合されて七月十七日のみになりますが、ここでも大激論が起こりました。これが三番目の転換期です。

まず、巡行路を確認しますと、平成二十六年（二〇一四）に復活した後祭は御池通の烏丸から東に行き、河原町通を下って、四条通を烏丸通まで時計回りで行くものですが、もともとの後祭は、三条通を通って寺町通を南下して四条通に出るという、もっと小さな時計回りでした。これが昭和四十一年に前祭と統合したので、ずっと時計回りだった後祭が反時計回りになり、平成二十六年に復活して時計回りに戻る、というようにどんどん変遷していきました。

では、この時の変遷に関する議論を見ますと、まずその統合理由として、前祭ばかりが注目を集め、後祭がさみしいものになっているので、七月十七日にまとめたら良いのではないかという意見が出ました。また別の理由は、巡行日の違いが繊維関係の商売に影響しているというものです。これは山鉾を守っている方々には繊維関係の方が多いので、十七日を中心に休む業者と二十四日を中心に休む業者があり、混乱を招くという商売上の理由です。そして大がかりな交通規制を行うのは十七日のみが望ましいという交通面からの理由もありました。

このような理由があっての議論の結果、最終的に昭和四十一年一月十九日、祇園祭山鉾連合会の総会で二九町内中、二八町内が賛成して、前祭・後祭の統合が決定しました。

それに対して髙原宮司は総会の席で、「伝統の神事だけに残念だが、氏子のみなさんの総意ならば……」というコメントをされています。伝統を重んじる立場から、統合に反対されていた髙原宮司のご意見は時代の流れに沿うことができなかったのです。

このコメントは新聞に掲載されたもので、『社務日誌』には宮司のコメントは載っていないので、この新聞記事しか記録として残っていないのですが、このことに関し、山鉾連合会顧問の吉田孝次郎氏からお話を伺ったことがあります。

吉田氏のいらっしゃる北観音山（後祭）の町内では十七日に巡行するかどうか意見がまとまらず、最後は髙原宮司に一任しようということとなり、宮司のところへ行かれたそうです。その時、髙原宮司がおっしゃったことは「長いものには巻かれておきなさい」でした。

これは、今こういった社会情勢なので、この流れに逆らうことはできないであろう。しかし、これから時代が流れ、状況が変われば元の神事として復活する時が来るかもしれない、それまでは仮の巡行として受け入れておきなさいということだそうです。その端的な表現が「長いものには巻かれておきなさい」だったのです。

花傘巡行の開始（昭和四十一年）

吉田氏が記憶されていたことと、この新聞のコメントを合わせて読むと、「氏子の皆さんの総意ならば」というところに隠された高原宮司の思いを知ることができます。

山鉾巡行の統合に関して、鈴木宮司が高原宮司のご逝去にあたり書かれた寄稿文には、

> 神社が中心となり、四千人の八坂神社婦人会を巻き込んで対決し（高原）宮司さんが、先頭になり新聞或は公聴会に論陣をはりましたが、遂に現実の前に破れ去りました。然し、学者の方々の中に多くの同志を見出した事は、高原宮司や私にとり望外のよろこびでした。この時示された宮司の祭を思ふ激しさは、もの凄いものがありました。そしてその執念が後の祭の花傘巡行の計画と決行に結集されたと思います。（鈴木日出年「高原美忠宮司の思出」）

とあります。

昭和四十一年に七月二十四日の後祭がなくなったため、後祭の伝統が失われるのではないかと危惧された高原宮司は後祭の代わりに花傘巡行を新しく始められました。この花傘とは鉾の原初的形態とされる傘鉾の姿をとるものです。また馬長《うまおさ》という、馬に乗ったお稚児さんも復活しました。馬長は平

図5 花傘巡行での馬長

図6 花傘巡行の花傘

安時代の絵巻物にも描かれており、山鉾が登場する前の祇園祭では一番人気がありました。髙原宮司は原初的な祇園祭を復活させて新たな神事を作り、後祭の伝統を残すことに尽力されました。現在は後祭が復活しましたが、花傘巡行は花傘連合会の皆様の手によって今も守られています。

守るものと伝えること——変化と復活の祇園祭

以上三つの転換期を見てきましたが、最後に副題につけました「守るものと伝えること」について、私なりにまとめてみます。まず何を守るかに関して、山鉾の巡行路変更や前祭と後祭の統合の時、髙原宮司と京都市で意見が違い、論争となりましたが、私は両方とも正しいと考えます。髙原宮司は戦争中であっても神事を大切にされ、それを時代が変わろうともずっと守り続けようとされました。それは神職の立場として正しいことであるといえます。しかし神事を守るためには、お金も必要です。先述のように、戦後に復活した山鉾も各町内の人々が赤字を重ねながら何とか巡行していたのです。山鉾巡行の運営のためにお金はとても大事で、そのお金を得るためにはたくさんの人に来てもらうことが必要であり、そのために観光という問題に向き合うという京都市の考えはとても現実的です。髙原宮司と京都市には立場の違いはありますが、「祭りを残す」ということに関してそれぞれが大切な取り組みをしていたと思います。

私はこれまで、神事というものはある時に生まれて、そのままかたちを変えずに脈々と続いていくものと勝手に想像していました。しかし祇園祭の歴史を見ていきますと、神事とはある時に始まったものがしばらく続き、時代の流れの中である部分がなくなってしまったり、かたちを変えながら変化し、さらに続いていくというものです。そしてなくなった神事や行事を復活させたり、かたちが変わったものを元のかたちに戻そうとする動きがあって、この復活の時に大きなエネルギーが生まれるのです。

近年、鷹山の関係者の方々がなくなった山の復活を目指されていますが、鷹山を復活させるためにたくさんの人が集まって発するエネルギーを、いま私は目の当たりにしています。復活を目指す方々のおかげで、創始千百五十年以後のこれからの祇園祭ににぎわいやエネルギーがどんどん増えていくのです。

この変化と復活が祇園祭には欠かせない、といったらおかしいのですが、祇園祭の特徴の一つであると思います。今後私たちが祇園祭を継承していくにあたって、様々な変化を考えなければならない局面が出てくると思いますが、その時に「過去も変わってきたのだから、変えても問題ないでしょう」というスタンスではなく、山鉾の巡行路変更や前祭・後祭の統合に際して伝統護持の立場から反対されながらも、採用されなかった髙原宮司の思いを忘れてはいけないと思います。

また、巡行路が御池通に変わった際、巡行路からはずれた松原通の人たちは悲しかっただろうと思います。そういった方々の思いがあった上で、現在があるということを忘れてはならないと思います。その上で、私たちが何を守り、何を伝えていくかということを、いろいろな立場で議論していく必要があると考えます。

祇園祭の創始千百五十年を迎えた今年、とてもおめでたいものを迎えるような気持ちで神輿と山鉾を見ることができると思いましたが、この度、戦中・戦後の記録を通して勉強し、神輿や山鉾の見方が私の中で変わりました。戦争が終わり生きて帰ってこられて、再び神輿を舁くことができたと喜んだ人がいたのだろうな、戦争によって帰らぬ人となった大切な人ともう一度山鉾を見たかったと思った人がいたのだろう、などと想像しながら今年の神輿と山鉾を見させていただきました。戦中、戦後のいろいろな人々の思いがあって、今、私たちが祇園祭を行うことができる。毎年祭を斎行できるのは当たり前のことではないということに改めて気づかされました。

今回の講演をきっかけにして、実際に戦時中や戦後の祇園祭を覚えてらっしゃる方の記憶や思い出を記録として残せたらと思っております。こうした記録を残しておけば、みんなが共有できる歴史になります。そのような運動を今後展開できればと思います。

トピック①

祇園祭の山鉾と剣鉾

福持昌之

江戸時代に編纂された「祇園本縁雑実記」には、貞観十一年（八六九）六月七日に六六本の矛《ほこ》（長さ二丈ばかり）を立て、十四日に洛中の男児及び郊外の百姓を率いて神輿を神泉苑に送り祭ると記されている。

二丈とは約六・〇六メートル。江戸時代に六メートルを超す矛といえば、剣鉾《けんほこ》をおいてほかにない。後述するように貞観年間には剣鉾はまだ登場しておらず、また江戸時代に「剣鉾」の呼称はみられないが、この史料は祇園祭の鉾と剣鉾を結び付けた最初の史料として重要である。

この記述をもとに、令和元年（二〇一九）六月八日、祇園祭創始一一五〇年記念事業の一環として、神泉苑の故地である元離宮二条城で、市内一一地区から一四本の剣鉾が勢揃いし、それぞれ特色ある差し方で観客を魅了した。

祇園祭の山鉾と剣鉾とは、見た目が大きく異なるが、文化的な背景には共通点が多い。ひとつは神輿渡御の際、その先導をつとめて巡幸路を清める役目をもつこと。次に、怨霊や疫神を崇めその加護を得る、御霊信仰による祭祀（御霊会《ごりょうえ》）を母胎に展開したこと。そして、いずれも神社所有の

図1 西院春日神社の剣鉾差し（京都市登録無形民俗文化財）

祭具ではなく、氏子地域や信仰圏内の町や仲間が所有し、神輿渡御に出るだけでなく、それぞれの護持組織で独自の儀礼も伝えられていること。また、護持組織の成員だけでなく、他所から専門的人材を雇って運営することも共通している。

矛（鉾）は、槍の原型ともいえる武器である。祭具としての鉾の形態がわかる資料として、平安時代後期（十二世紀）の「年中行事絵巻」（京都市立芸術大学蔵）があり、神輿を先導する長さ二メートルほどの矛を持った人が描かれ、このような矛は現在でも全国各地の祭礼に見られる。ところが、祇園祭の山鉾の形態が資料に見られるのは中世、十五世紀の様子を描いたとされる「月次祭礼図模本」（東京国立博物館蔵）が最初期のものとして知られる。そこには祇園御霊会で、下京の町衆が鉾を曳車に乗せ、巨大化させた様子が描かれている。一方、上京の町衆の信仰を集めた御霊神社の御霊祭では、長い棹の先に薄刃の剣と草花や霊獣の飾りをあしらった鉾（剣鉾）を出した。十六世紀の「上杉本洛中洛外図」（米沢市上杉博物館蔵）に、御霊祭の剣鉾が描かれているが、その形状はすでに十五世紀半ばの「祭礼草紙」（前田育徳会蔵）に描かれている。このように、主に美術史の成果によって、現在では矛から山鉾や剣鉾に展開した時期は、ほぼ同時期であると想定される。

剣鉾の特徴のひとつである鉾先の剣形《けんぎょう》は、南北朝時代（十四世紀）以降に流行した三鍬形《みつくわがた》の兜の前《まえ》立《だて》を意匠として取り入れたものである。そのため、当初は兜の鍬形や前立と同じ金銅製（銅に鍍金）であったが、江戸初期に真鍮《しんちゅう》製の生産が安定すると、靭《じん》性に優れた真鍮製が主流となった。

剣鉾は、地域の祭礼関係者からは、飾りの意匠に基づいて、個別に菊鉾、牡丹鉾、澤瀉《おもだか》鉾、龍鉾、麒麟鉾などと呼ばれてきた。総称としての剣鉾を指す語は、延宝四年（一六七六）序の『日次紀事』の「祭リ鉾」が最初であろう。そこでは、御神宝の「幸鉾《さいのほこ》」と区別し、帯で鉾尻を支えて立てて運ぶ鉾と説明がある。そのほか、元禄十五年（一七〇二）の『神道名目類聚鈔』には「祭矛・鎊鉾」とある。ただし、宝永六年（一七〇九）の『花洛細見図』では「祭《さい》の鉾《ほこ》」とよみがながあり、幸鉾と混同されがちだったことがわかる。

明治四十年（一九〇七）の『下御霊神社誌』では、鉾差しによるものを「指《さし》鉾」、轅《ながえ》を渡して数人が肩で舁くものを「荷《にない》鉾」と区別している。粟田神社では「荷鉾」を、明治時代には「掻《かき》鉾」、昭和初期には「箱鉾」と呼んでいた。そして剣鉾の語が一般に広まるのは、昭和四十六年（一九七一）の出雲路《いずもじ》敬直《よしなお》が「剣鉾考」（『京都精華学園研究紀要』9）を発表して以降のことである。

現在では、剣鉾は形態上、剣鉾差しに使用する差鉾《さしほこ》、轅《ながえ》を取り付けて舁く舁鉾《かきほこ》、車輪がついた曳鉾《ひきほこ》の三つに区分することができる。

剣鉾を立てて歩くことは難しく、その技術を持った人を「鉾差し」という。『日次紀事』によれば、「東山吉田木瓜《こうり》大明神祭リ」に、「土人」すなわち地元住民が「鉾五鉾」を捧げて供奉したとある。木瓜大明神とは、現在の左京区吉田の産土神《うぶすなかみ》であり、現在は今宮社と呼ばれている。この記事で、吉田

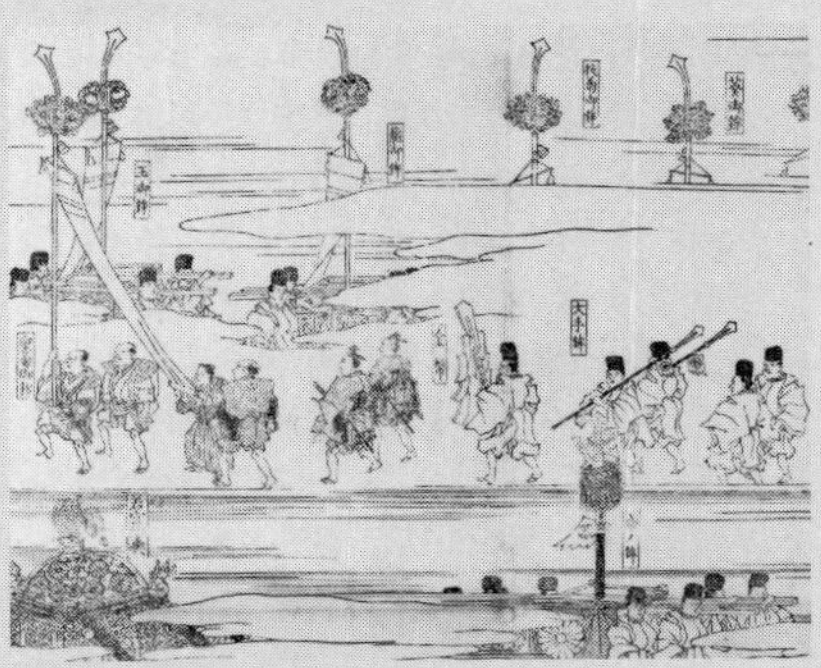

図2 舁鉾（剣鉾）、指鉾（剣鉾）、矛（「大手鉾」）、「祭ノ鉾」が混在する御霊祭（菱川清春画『神幸図』天保4年（1833）刊、福原敏男氏提供）

村が鉾差しの拠点のひとつであったとわかる。

鉾差しの多くは、吉田を含む鹿《しし》ケ《が》谷《たに》から一乗《いちじょう》寺《じ》にかけての東山山麓、いわば都市の周縁部に居住しており、かつては京都中の祭礼から頼まれ、剣鉾を差しに赴いた。これら東山の鉾差しは、片足を踏み出し、一瞬だけ腰を落とす歩法や、カップ式の差し袋（帯）が特徴で、風にあおられる吹《ふき》散《ちり》を低い位置で吊るなど非常に効率化された差し方を継承している。

一方で、右京区の梅ケ畑・平岡の鉾差しは、着流し姿で両足を交互に踏み出すなど、普通に歩くような差し方が特徴である。

嵯峨祭の鉾差しは、体を左右に回しつつ、両手で鉾の棹も回す。したがって、剣鉾は大きく左右に回転し、鉾先の剣は不規則な揺れを見せる。

その他、鞍馬火祭の剣鉾は、棹（親）に補助的な棹（カリ）を三本取り付け、四人で協力して立てて運ぶ。そのため四《し》本鉾《ほんぼこ》と呼ばれている。

江戸時代には、御霊祭や粟田祭で、片手で持ったり、肩の上に載せたりする「曲持ち」もあったが、その技術を伝えている人はいない。

京都市には、宗教法人登録された神社が約三〇〇社あり、そのうち約五〇社で、剣鉾を用いる祭礼が行われている。また、ひとつの祭礼で複数の鉾町や鉾仲間があることから、春・秋の祭りの集中する時期には、市内のあちこちで剣鉾が飾られていたり、神輿渡御の先導をつとめていたりするのを見かける機会も多い。

剣鉾は、祇園祭の山鉾とともに、京都の祭礼文化の代表的な要素のひとつである。剣鉾そのものはもちろん、鉾差しの技術、鉾町や鉾仲間の組織や儀礼など、いつまでも大切に伝えていきたい。

（京都市文化財保護課 文化財保護技師）

トピック②

疫神社修復と奉祝行事

八坂神社文教部

日本三大祭に数えられる祇園祭は、貞観十一年（八六九）に京の都で疫病が大流行し、さらには東北地方で大地震が起きたこの年に、勅《ちょく》を奉じて六六本の鉾を立て、神泉苑に神輿を送り厄災除去を祈った祇園御霊会《ごりょうえ》がはじまりです。

その祇園祭が、今年で創祀千百五十年を迎えたことを記念して奉祝事業並びに奉祝行事を執り行いました。古の祇園祭を少しでも今に再現できればとの願いを込めて、特に鷺舞を招聘し、神輿の巡行は明治以前の姿を再現できればとの思いから実施した次第であります。

❖疫神社修復事業

祇園祭の際に授与される粽《ちまき》などに付けられたお札には「蘇民将来之子孫也」と書かれています。

素戔嗚尊《すさのをのみこと》がお妃を求めて南海に旅をされた際、巨旦《こたん》将来・蘇民将来という兄弟に宿を求められました。

巨旦将来は裕福でしたが宿を貸してはくれません。一方蘇民将来は貧しいながらも、一夜の宿を提供し、粟の敷物や粟飯をもって手厚くもてなしました。素戔嗚尊は大そうおよろこびになり「蘇民将来之子孫也」と言い、茅輪を腰につけていれば病にかからないとお教えになりました。

古よりこの伝承を伝え蘇民将来を祀る疫神社《えきじんじゃ》では、毎年七月三十一日に疫神社夏越祭が行われます。この祭は祇園祭の締めくくりとして、茅の輪くぐりや、茅輪守・粟餅の授与が行われ賑わいを見せております。

この度の祇園祭千百五十年に併せて社殿の修復

工事を行い、本年の疫神社夏越祭に併せて疫神社の竣功をお祝いする本殿遷座奉祝祭を執り行い、朱に輝く疫神社の竣功と祇園祭の創始千百五十年を奉祝いたしました。

❖奉祝提灯行列

いよいよ祇園祭が始まるその前日、令和元年六月三十日。祇園祭創始千百五十年奉祝提灯行列が執り行われました。五月に元号が「平成」から「令和」へと改元されましたこともあり、令和の御代の奉祝に併せての開催となりました。

図1 奉祝提灯の様子（令和元年6月30日）

午後七時、祇園祭を奉仕する清々《せいせい》講社《こうしゃ》二五学区の氏子、祇園祭山鉾連合会、神輿会、宮本組等約七〇〇名がお祝いの小忌衣《おみごろも》を著け奉祝提灯を手にして八坂神社を出発。雅楽の先導のもと、八坂神社所属のボーイスカウト、ガールスカウトが掲げる横断幕を先頭に氏子区域を練り歩きました。

四条御旅所前では長刀鉾保存会による祇園囃子のお迎えをいただき、その後八坂神社では祇園太鼓が境内に響き渡る中、参加者は振る舞い酒をいただき、盛大に明日から始まる祇園祭をお祝いいたしました。

❖鷺舞里帰り奉納

七月六・七日の両日は、かつて祇園祭の山鉾に付随して舞われ、現在は島根県津和野町に唯一継承されている鷺舞の里帰り奉納が行われました。津和野の鷺舞は天文十一年（一五四二）に京都の祇園祭から山口を経て、同町彌栄神社の祭礼に伝えられたのが始まりといわれています。江戸時代に一時中絶するも再び京都の鷺舞を移し、現在は鷺舞保存会によって大切に受け継がれ、平成六年には国の重要無形民俗文化財に指定されています。

舞殿前の溢れんばかりの観衆を前に、木製の白鷺の頭を着け真っ白な板を羽根に見立てて肩に下げた舞方二名が、囃子方の奏でる楽と歌に合わせて大きく羽を広げたり、また打ち鳴らしたりして華麗に舞い、風趣に富んだその姿に見る人は釘付けとなっていました。

❁いにしえの神輿渡御再現

祇園祭も佳境を迎える七月二十四日還幸祭におきまして、三条黒門に鎮座する境外末社・又旅社《またたび》の前に三基の神輿が集結し勇壮な神輿振りを見せました。

又旅社とは四条寺町の御旅所に対してもう一つの御旅所という意味で、祇園御霊会の起源ともなりましたかつての神泉苑の南端の位置に鎮座しており、さらには神輿に御供えをする社であることから御供社《ごくうしゃ》とも称します。

図2 四条大橋を渡る三基の神輿(令和元年7月24日、還幸祭)

通常は三基の神輿が時差をもって又旅社前を渡《と》御《ぎょ》しますが、今回この記念の年に「明治以前の神輿渡御の姿を再現しよう」と、三基の神輿が祇園御霊会に所縁のある又旅社に勢揃いし、三基揃っての奉祝差上げを行いました。引き続きお供えを献《たてまつ》る奉饌祭の後、三基の神輿が揃って八坂神社へ渡御。さながら『祇園祭礼図屏風』に描かれた華やかな神輿渡御を再現するかのようで、特に四条大橋では、三基の神輿が同時に差上げ差し回しを行い、集まった沿道の人は神輿の掛け声に合わせて手拍子をとり、祇園祭創始千百五十年に相応しい「神人和楽」の勇壮な神輿渡御となりました。

また同日午前中に行われた花傘巡行におきましても、奉祝をもって四花街すべての屋台が巡行。その後の舞踊も例年より多い奉納となり、賑やかさにより一層の華が添えられました。

❖ご神詠歌の歌碑建立

九月十五日、この日は祇園祭を主催する清々講社設立記念日にあたります。

清々講社とは明治八年（一八七五）九月十五日、教部省より祭政一致の神社奉賛組織として全国に先駆けて発足が認可された氏子組織であります。

祇園祭千百五十年を記念し、八坂神社の主祭神・素戔嗚尊が八岐大蛇《やまたのおろち》を退治され妃神である櫛稲田姫命《くしいなだひめのみこと》を助けられ、お詠みになった我が国最古の大和歌「御神詠歌」の歌碑が建立され、この日除幕式が執り行われました。

使用した石材は、主祭神素戔嗚尊ゆかりの出雲地方で採取される「来待石《きまちいし》」を使用し、揮毫は清々講社幹事長今西知夫氏によるものであります。

ご本殿の北側、丁度真裏に当たる場所に建立しております。この場所は八坂神社の氏子の方々が、毎年春と秋に「お千度詣り」という町内安全・家内安全のお参りをされる場所でもあります。町内毎に保存している「お千度札《せんどふだ》」と呼ばれる木札を手に持ち、本殿の周りを三周したあと本殿内にて御祈祷を受けますと千回お詣りしたのと同じ功徳があるといわれています。

八坂神社へお参りの際は是非ともご覧いただき、さらには朱の色に甦りました疫神社へもご参拝をいただければと思います。

トピック③

綾戸國中神社と久世駒形稚児

今中崇文

祇園祭の稚児《ちご》というと、七月十七日の山鉾巡行でみられる、長刀鉾や綾傘鉾の稚児を思い浮かべる方が多いであろう。しかし、祇園祭に出ている稚児はそれだけではない。神幸祭や還幸祭の神輿渡御《とぎょ》行列には神輿を先導する久世《くぜ》駒形《こまがた》稚児が出ており、花傘巡行ではかつて朝廷や公家が献上した馬に乗っていたという馬長《うまおさ》稚児が再現されている。そのなかでも久世駒形稚児は、この稚児が到着しない限りは、八坂神社から神輿を一歩も動かしてはいけないというほどに重要な存在である。

図1　久世駒形稚児（2018年7月17日）

◆久世駒形稚児とは

久世駒形稚児は、神幸祭（七月十七日）と還幸祭（二十四日）の神輿渡御において、木彫りの馬の首（駒形）を胸に掲げ、騎馬で神輿を先導する。この駒形は、スサノオノミコトが自らの愛馬を模して彫ったものとされ、綾戸《あやと》國中《くなか》神社のご神体とされる。このご神体は、スサノオノミコトの荒魂《あらみたま》であるとされ、八坂神社に祀られているスサノオノミコトの和魂《にぎみたま》と合わさることによって、はじめてお祭りを始めることができると伝えられている。駒形稚児が到着する前に神輿を動かすと、都に疫病が流行して人々を苦しませるという伝承もある。

久世駒形稚児の役を務めるのは、小学一年生から三年生までの男子二名である。神幸祭では年少の、還幸祭では年長の稚児が、八坂神社のご神宝を捧持した宮本組などとともに、中御座《なかござ》神輿の前を行くことになる。それに先立って、稚児に選ばれた少年たちは、七月十三日の午後二時から八坂神社に二人そろって参拝し、社参の儀を執り行う。

神幸祭（十七日）の朝、駒形が綾戸國中神社から稚児の家へと唐櫃《からびつ》に入れて運ばれ、神事が営まれる。その後、稚児は保護者や綾戸國中神社の宮司、総代などとともに、祇園の老舗香煎処「原了郭《はらりょうかく》」に向かい、そこで準備を整えてから、馬に乗って八坂神社へと向かう。稚児は、馬に乗ったまま八坂神社の境内に入り、拝殿の周りを三周したのちに本殿西側の入口に乗り付ける。長刀鉾の稚児であっても徒歩で参拝するところを、久世駒形稚児だけが騎乗したまま境内に入り、地面に一度も足を着けずに本殿へ上がる。このことからも、この久世駒形稚児の祇園祭における重要性がうかがいしれる。

図2　八坂神社境内を進む久世駒形稚児（2018年7月17日）

❖久世駒形稚児と綾戸國中神社

このような久世駒形稚児は、八坂神社から遠く離れた南区久世上《かみ》久世町にある、綾戸國中神社の氏子の人々によって出されている。綾戸國中神社は、旧上久世村（現在の久世上久世町、久世河原町、久世高田町）の産土神《うぶすながみ》で、もともと綾戸社と國中社という二つの社であった。かつては二つの本殿が

図3 現在の綾戸國中神社

西向きに立っていたが、昭和九年（一九三四）秋の室戸台風で倒壊し、昭和十一年の秋に少し北側の場所に一棟の本殿（南向き）に二つの扉（西側が綾戸神社、東側が國中神社）を設けるという形で再建された。その後、昭和三十九年の東海道新幹線開通のために社殿などを東に移し、現在の姿になった。

この綾戸國中神社から、いつごろ、どのような経緯で駒形稚児が出るようになったかについては詳らかではない。平安時代後期の「年中行事絵巻」に駒形を胸に掲げ、馬に乗った稚児の姿が描かれているという指摘もあるが、文字による記録に現れるのは江戸時代に入ってからで、貞享二年（一六八五）刊行の地誌『京羽二重』では、綾戸社について「祇園駒之社」と紹介している。宝暦四年（一七五四）の跋がある地誌『山城名跡巡行志』には、祇園祭の駒形稚児は上久世村から出ており、その掲げる駒頭は綾戸社の社司の家にあって、霊験あらたかであると記されている。その他にも、江戸時代後期の随筆である『嬉遊笑覧』（一八三〇年成立）に、久世村から出ている駒頭が祇園祭の「第一の神宝」であるという

図4 綾戸國中神社の本殿

「東牖子」からの引用が載せられるなど、江戸時代には上久世村から駒形稚児が出ることは広く知られていたことが分かる。

❖久世駒形稚児を出している人々

とはいえ、久世駒形稚児が江戸時代から現在まで、まったく変わらない姿で祇園祭に出ていたわけではない。昭和になる前は、一名の稚児が神幸祭と還幸祭の両日、その役目を果たしていた。かつて河原正彦氏は、明治の初めごろには、あらかじめ「くじ」によって、五〇～六〇年先までも駒形稚児を出す家が決まっており、適齢の子供がいない家に当たった場合でも、親類縁者や村外からでも稚児を求めて出していたという話を紹介している。それが戦後になって、上久世村の氏子全体で「稚児講」が組織され、それを主体として祇園祭に奉仕することとなったという（河原正彦「祇園祭の上久世駒形稚児について」『文化史研究』14、一九六二年）。

このように、久世駒形稚児とそれを支える人々の枠組みは、時代や地域の実情にあわせて絶えず変化してきている。稚児講はすでになく、稚児の選出は、綾戸國中神社の二〇〇軒の氏子から選出された二二名の総代によって運営される「総代会」によって行われている。神輿渡御当日に唐櫃や朱傘の役を務めているのは、これら総代の方々である。それに加え、平成十五年（二〇〇三）ごろには、かつての青年団をもとに「綾戸國中神社奉賛会」（現在一八名が在籍）が組織され、神輿渡御当日の行列警備を担当するなど、新たな担い手の育成も進められている。

（京都市文化財保護課　文化財保護技師）

2章

祇園祭を支える人々――山鉾町と神輿会

鈴鹿山町衆の今昔

福井藤次郎
（公益財団法人祇園祭山鉾連合会 副理事長・鈴鹿山維持会 理事長）

自治権を持っていた江戸時代の「町衆」

今回は私どもの町内の山「鈴鹿山」と、山を継承してきた烏丸通三条上る場之町の町内の歴史についてお話をさせて頂きます。さて本講演の表題を「鈴鹿山町衆」としておりますが、この「町衆」という言葉の読みは「ちょうしゅう」なのか、それとも「まちしゅう」なのか、どちらが正解かということをよく聞かれますが、これは私ども山鉾町関係の者から言いますと「山鉾町衆《ちょうしゅう》」であり、単に町の人を指す場合には「まちしゅう」と言っていると思います。つまり「町内《ちょうない》の衆《しゅう》」という集団なのです。

山鉾町のある地域の町内は、江戸時代以前から自治組織ができています。今日では十月十五日に京都市自治記念日が設けられており、京都市は早くから見事な自治が行われているのかということになりますが、それ以前から山鉾町は長く自治権や自治能力を持っていました。明治時代になって京都市ができて徐々に町内の自治権がなくなり、京都市に自治の権利はすべて移管したといわれています。

現在は町内の自治といいましても、例えば市民新聞が回ってくるとか、選挙の時は選挙広報を配ってくださるとかいう程度のことですが、明治以前は町内に現在の市役所のような機能があり、さらに相続に関する問題や公証人役場の問題まで、いろいろなことに対して町内が大変な権利と力、そして財力を持っていたのです。

最近町内では、知らないうちに建物が変わったり、勝手に建物が建てられたりしてかなわないなと思うことがよくありますが、自治権を持っていた江戸時代のほうが、町内に非常に明快な指導力がありました。

町衆になり、祭りに参加することはステータス

私たちの山の先輩が言っておられたことですが、例えば他所から来て初めて山鉾町内に入る場合、家を購入したら、まず裃《かみしも》を作り、さらに家の幕を作って張ることをしないことには表に出られないといっていました。現代風にいうと、山鉾町に住まいするということは大変なステータスであったとい

うことと伺っております。

袢という衣装は難儀なもので、ほとんど糊で固めて出来ています。そのため雨が降るとたんにくたびれてしまうのです。自前の袢の場合、高い費用をかけてもう一度仕立て直しをするわけで面倒であり、当節一番良いのはレンタルで借りることになります。

山鉾町へ来て、袢を作り、幕を作って家の前に張るということが、山鉾町の人にとってはうれしいことであり、また山鉾にそれぞれがお手伝いをすることも喜びでした。よく他所の方から「山鉾があったら大変でしょう？」ということを聞かれますが、恐らく町内で祇園祭や山鉾に思いのある人は全然苦しいとは感じていないと思います。忙しいけれど自分のためにやっているのがこのお祭りだと私は思っています。そのため、人様からお手伝いいただくことはありがたいですけれども、まずは自らが一生懸命務めてさせていただくことが大事であります。

今年の祇園祭もおかげさまで前祭も後祭も無事に、特に大きな事故もなく済みました。恐らく皆さん方の大変なご協力と、金銭的にもいろいろなかたちで応援をいただいていると思います。本当にありがたく感謝でございます。

近年は特に京都府警や消防の方もずいぶん力を発揮していただいています。これも他の都市ではあまりないほどのお力添えをいただいています。府警本部長ご自身が、祇園祭はしっかりガードしなければいけないとおっしゃって下さり、相当な人数を派遣していただいています。また多くのガードマンの方々にもお世話になっています。ただ、とりわけ来年（二〇二〇年）は東京オリンピックであり、ガードマンさんが集まらなかったらどうしようかという話があります。

山鉾町それぞれのお祭りにつきましては自分の地域のお祭りですが、京都中の方、日本中の方、ひょっとしたら世界中の方からも応援、ご支援をいただいて何とか無事に済んでいるというもので、本当に皆さん方の応援がなかったらこれだけの大層なお祭りはできません。

祇園祭といいますとすぐに山鉾や山鉾巡行が連想されますが、山鉾とはある種の「にぎやかし」です。前祭・後祭の晩に八坂神社の神様が神輿で山鉾町周辺にお越しになりますので、山鉾町のわれわれも行儀を良くし威儀を正して神様をお迎えし、あるいは神様を送る時に各々の町内で山鉾を出して、その気持ちを表そうというのが山鉾巡行と考えております。

各町の山鉾には長い歴史があります。現在、三年後ぐらいの復興を目指しておられる鷹山の皆さんがおられますが、それを入れますと三四の山鉾になります。

祇園祭の山鉾には「鉾」と「山」がありますが、詳しく分類すると、鉾・曳山《ひきやま》・舁山《かきやま》・屋台・傘鉾の五つの形態に大別できます。「山」には車輪がつき、囃子が乗っているものもありますし、かつては「舁山」という山も存在しました。今は車輪がついていますので「曳きずり山」とでもいうのでしょうか。また山には、上の屋形の舞台のところにたいていの場合、松が立っています。また同じ山でも橋弁慶山や浄妙山は、専門的な見地から見ると「屋台」の形態と分類されます。

鈴鹿山について——応仁の乱以前から存続する山

私たちの町内は烏丸通三条上るにあり、先述の鈴鹿山という山がございます。町内の先人に叱られますが、山鉾には名前が売れている山とそうでない山とがあり、その観点からいくと私の町内の山は名前が売れてないようで「そんな山、どこにあった？」なんてことをよく言われます。

脇田晴子先生のご研究であったと思いますが、祇園祭の山鉾はこの六〇〇年ぐらいの間にいくつかが移動しているといいます。つまり町内から町内へ山鉾がトレードされているという感じです。研究によると応仁の乱以前の当時から存在する、町内が変わっていない山鉾は孟宗山・橋弁慶山・役行者山・長刀鉾、そしてわが町の鈴鹿山の五つだけだそうです。この数百年続けられたのはこの五つだけですから、他の山鉾は意外にも途中で移動されています。

京都の地名に詳しい方ならすぐおわかりだと思いますが、山鉾の後祭・前祭の地理的な境界は事務的に決まっています。八坂神社の氏子地域の南北の境界は、二条通から昔の五条通、つまり松原通で、この間の通りを数えていきますと、中心部は現在の蛸薬師通になります。橋弁慶山の町内（中京区蛸薬師通室町東入）がそれにあたりますが、この地を含む北が後祭の町内となり、それより下（南）が前祭の町内と区分、配置されています。

応仁の乱の記録を見ますと、前・後祭のどちらの山鉾も三〇ずつぐらい出ていたようですが、乱から復活した時の後祭は現在のメンバーでほぼ一致しています。現在は前祭が二三基で、後祭が一一基となっています。山鉾にはそれぞれにいろいろないわく因縁、由来がありますが、狂言の「鬮罪人《くじざいにん》」はそれを題材にしたものです。あらすじは、ある町内で祇園祭の今年の出し物を決めようということになり、町内の人たちや店の人たちが山の出し物について相談をします。既に鯉のある山は前にあるとか、何々は後にあるとかいうことを話題としていろいろな案が出てきます。そして新しい趣向として罪人を鬼が追いかけ、やっつけるという題材に決定しました。さて鬼にやっつけられる罪人の役柄を鬮で決めることとなり、その結果、店の主人が罪人の役にあたり、店の人が鬼をつとめることとなりました。そして店の人が鬼役となった主人をたたきのめす、というものです。

この狂言はお笑い話ですが、このように室町時代は、今年の山鉾は何をしようかと考えていた非常に元気で、ある種自由自在なところがあった時代であり、かつお決まりの山鉾もあって「これとこれは決まりの山鉾が出ているな」ということがせりふの中で出てきます。

鈴鹿山の町内

わが町「場之町」のことと、町内の鈴鹿山について、その由来を少しふれておきます。

烏丸三条の南東角には京都銀行三条支店がありますが、ここの道路の角に京都市道路元標があります。高さ九〇センチぐらいで一時期は二つ折れになって隅へ移されていたのですが、修復されて、今もその位置に立っています。

東京の道路元標は日本橋にあり、徳川慶喜が書いたというもので大事にされています。京都ではもうほとんど忘れられたままでありますが、この道路元標が建てられた烏丸三条という場所は、当時は京都の中心地だったのです。ただ烏丸通が現在のように道幅が広まったのは明治四十四年（一九一一）頃であり、市電を通そうということで道幅が拡張されたもので、もともとの烏丸通は今の西側歩道よりも少し広い程度でした。このような細い通りでしたから、烏丸通には孟宗山と鈴鹿山しかありません。ところが室町通や新町通、四条通には大きな山や鉾があり、祇園祭のメインストリートです。

かつての烏丸三条は米の集散地でありました。瀬田勝哉先生によると「上杉本洛中洛外図屏風」には烏丸三条の場面が描いてあり、そこには馬が二頭ほど、米俵を背中に乗せたり足元に置いたりして、いかにも米屋の店先であるという様子が描かれています。

米屋と馬というのがその場面のテーマですが、私の住む町内は「場之町」といいます。場之町とは「何かの場所の町内」という意味なのですが、永正元年（一五〇四）、室町幕府は「場沙汰人」つまり場を沙汰する人間にあてての文書を出しており、その場というのは「米場」のことだそうです。一五〇〇年頃に「米場のことをちゃんとしなさい」という文書が出ているのですが、その「米場」とは何かといいますと京都に入る米を集積する場のことです。洛中に入る米は正規のルートで都へ入れよという幕府の方針によって、その一大流通センターがあったのが烏丸三条だということです。なお、瀬田先生によると応仁の乱以前の米座は室町三条に、乱後の米場は烏丸三条にあったとされています。

能の演目が山鉾の題材に――室町時代人の趣向と町内の願い

かつての場之町の人たちは、町内の山鉾の題材を何にしようかと考えていた時に、当時流行していた「能」を題材にしました。現在も能を題材にした山鉾がたくさんあり、能というものがかつての人が普通に知っている話題・知識だったと思われます。世間の人が全く知らないようなことを山鉾の題材にしても仕方がなく、ある程度話題性があり、流行っていることをしないことには誰も受けないわけですから、そういう意味で能を題材にしたのです。

例えば、橋弁慶山の場合、造り物が弁慶と牛若丸で題材は謡曲「橋弁慶」です。また浄妙山の造り物の「筒井浄妙」「一来法師《いちらいほっし》」とは、謡曲「頼政《よりまさ》」に登場します。奇想天外な造り物で、橋の上に立つ筒井浄妙を上方から一来法師が飛び越えて一番乗りをする様子を表したものです。

能には五つの流派があり、京都に金剛流の宗家がおられますが、他に観世・金春《こんぱる》・宝生《ほうしょう》・喜多《きた》の各流があります。この五つの流派が正規の能で、プロの能の流派なのです。五流の能には現行曲で二〇〇曲（二〇〇番）あるといわれています。

その中には私たちの山の題材である能「鈴鹿山」の曲はありません。しかし山形県鶴岡市黒川を中心に伝わる「黒川能」という能に伝承されています。

黒川能は囃子やシテの役目が地域・家で決まっている、山形県庄内地方の伝統ある能ですが、その黒川能の現行曲に「鈴鹿山」という演目があるのです。「鈴鹿山」は室町時代に京で流行った演目の一つで、わが町内ではこの能を題材に取り上げたわけです。

この能は鈴鹿峠（三重県亀山市）が舞台の物語です。鈴鹿峠には片山神社というお社があり、その効験、ご利益は盗難除けです。鈴鹿山は鬼退治の伝説で知られていますが、「鈴鹿山」とは鬼の掛け言葉で「ましてや間近き鈴鹿山」という謡に乗せて鬼が登場します。鈴鹿峠で道行く人々を苦しめた鬼を、金烏帽子をかぶり長刀を持つ女人の姿をした片山神社の鈴鹿権現（瀬織津《せおりつ》姫尊《ひめのみこと》）が退治をするというあらすじです。今でこそ知られない曲目で、すぐには何かわからないのですが、かつては流行っていた曲目であり、この町内としては、あの危ない鈴鹿峠の安全を祈願しようではないかという町内のニーズから出てきたと思います。

当時の山鉾町内の人々には自分たちの山の題材を通して祇園祭に関わりたいという思いがあり、それがさまざまなかたちをとって現在の山に表されていると思います。

五〇〇年来かわらない後祭のメンバー

応仁の乱から復興後の後祭の山鉾は、現行の山鉾とほぼ同メンバーです。後祭は「山鉾が少なく、寂しい」という意見もあるようですが、現在の形で五〇〇年以上継承しております。意識的に少なくしたわけではなく、山鉾町は一〇しかありませんが、五〇〇年間、お互い仲よくしております。

そのようにご理解いただければ、別に後祭は寂しいことはないのですが、知らない方には「後祭は寂しい」とか、中には「〝後の祭〟という言葉もありますな」とか言われます。私たちはあまり「後の祭」とは言わないのですが、おかげさまで、五年前（二〇一四年）に前祭・後祭の二つが元の姿に戻り、皆さんのご支援をいただきながら何とか続いてきてよかったという思いです。

この前祭・後祭の形が今後いつまで続いて行くのかと少し考えることもあります。後祭と前祭が合体した頃は、何か大きいほうが良いのではないかという時代で、そういう風潮もあったと思います。

逆に小さいものはなかなか残りにくかったものです。しかしこの頃は、小さくても良いものをというような風潮の時代であり、こういう風潮が後祭・前祭の分離を促したと思います。

また、お神輿さん（神輿渡御）に対しても恥ずかしい状態の年数を随分過ごしてきましたが、おかげさまでこの頃、ようやく本来の形になり、少しは胸を張れるようになったと思うものでございます。

祭りの古記録からみえてくる町内の人口

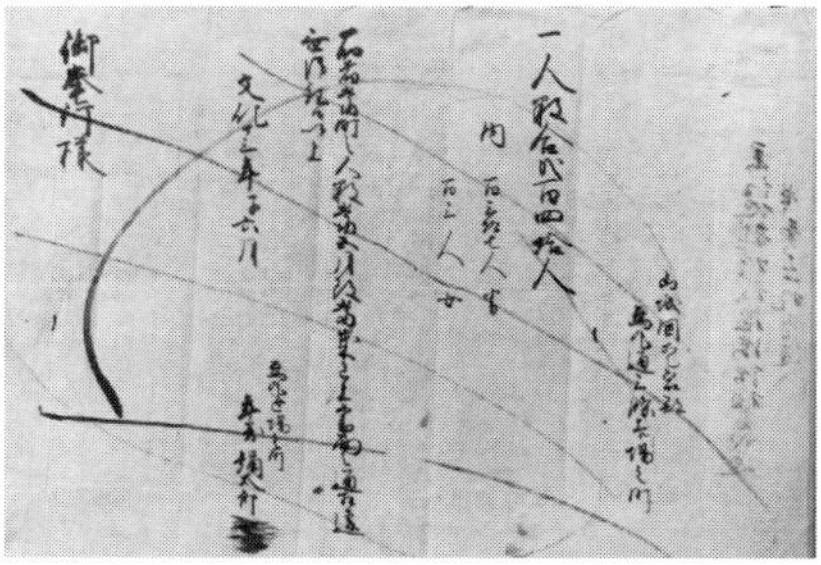
文書1

私たちの町内には古い文書・記録が残っており、祇園祭に関する記述も多く含まれております。まず上の横に線引のある文書（文書1）は、反《ほ》故《ご》の紙、つまり捨てようと思った紙を使っています。裏面には「黒紅地…」と書いていますが、これは見送りのことです。

125ページの文書2も達筆な字で「覺、一綴錦見送壱枚、丈五尺八寸、巾四尺五寸」、「黒紅地模様龍拾疋ニ雲下之方浪ニ寶」、「但　凡七歩通唐綴」と枚数や長さ、裂地の種類などの説明、そして「凡三歩通和ニ而繕」と書かれています。つまり長いもので、上から七歩ほどは中国からのそのまま、あとは日本で繕うと書いてあり、興味深いものです。相当高い買い物であったようで（価格は一三五両）、この文書には値段が載っていませんが、文化十三年（一八一六）子六月とあり、売った人二名の名と、当時の町内の年寄であった弥太郎などの名前が書いてあります。この文書は見送りの現物がこのようなものであるという説明と、その受け取りについての何人かの証人が書かれています。

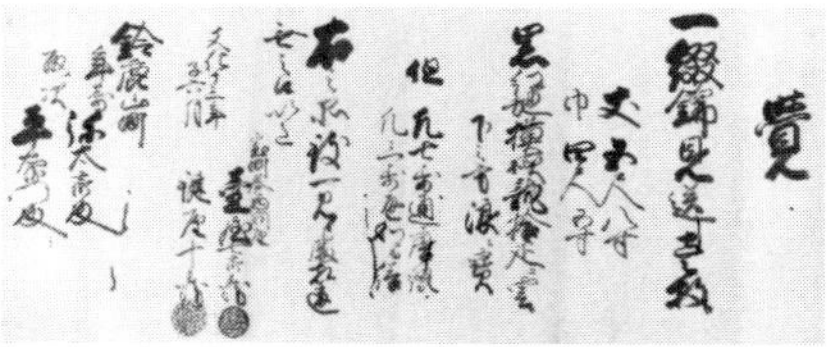
文書2

さらに興味あることは、文書1には、文化十三年に山城国愛宕郡烏丸通三条上ル場之町には「人数合弐百四拾人、内百三拾七人　男、百三人　女」がいたことを、その時の年寄であった弥太郎が書いていています。つまりかつての私たち山鉾町衆の人口のことですが、私たちの住む烏丸三条通上るから姉小路までの間、両側に四一軒の家があったと書いてありますが、少なくとも文化十三年には、四一軒の家に二四〇人の人が住んでいて、住んでいる主人全員の名前も明らかです。

町内では江戸時代を通じて、大幅に人口が増減するということはあまりなかったようです。また女性の数が少ないのは、江戸でもそうだったと思いますが、都会は、大体男性のほうが多くて女性が少ないものです。面白いと思うのは、よくも書きつぶしのこの紙を捨てなかったということです。他の文書も探してみましたが、人数を書いた紙はありません。そのためどう推移したか継続してはわかりませんが、少なくともこの文化十三年に、これだけの人があの町内には住んでいました。

六月の日付が多い町内の古記録

町内の文書を見ておりますと、六月の日付のものが不思議と多いのです。なぜかと考えますと、旧暦六月十四日が後祭の日だからかと思いあたります。明治時代に入って四〇日ほどずれ、今日では七月十七日と七月二十四日になっていますが、もともと前祭は六月七日、そして後祭が六月十四日でした。

余談ですが、幕末の新選組が木屋町三条で池田屋騒動（元治元年〈一八六四〉六月五日）を起こしますが、テレビドラマなどの騒動の場面を見ますと、祇園囃子が聞こえてくることがあります。騒動が発生したのは六月五日でしたので時期としては間違いありませんが、祇園囃子が奏でられる四条烏丸や四条室町から、騒動の現場である木屋町三条まではたして囃子の音が聞こえるかどうかは、何とも想像がつきませんが、ただ街に祭りの雰囲気がただよっていたようです。

この池田屋騒動の反動で、同年（元治元年）の七月十九日に蛤御門の変が起こります。同時期の町内の文書を読みますと、それこそ長州人が攻め入って来るような調子で書かれています。蛤御門の変にともなう町内の被害と祭りのことは後で述べます。

後祭の町内の者として言いたいことは、祇園御霊会の当日とは旧暦六月十四日、つまり現在の七月二十四日です。十七日の前祭とは、初めに八坂神社の神様を御旅所にお連れするもので、その神様を最後に送り返すのが二十四日なのです。ですから八坂神社では、今でも六月十四日の翌日十五日に例祭をされており、神社としては大変大きなお祭りです。私の祖父はよく「後祭が本祭り、前祭は先にちょっとやってはる」というようなことを申しておりましたが、このような認識が後祭町内の昔ながらの言い草です。

町内の家売買や職業は町衆たちが自治・監視

128ページの文書3には「家売買仕候節町中へ披露仕云々」と書いてありますが、これによると町内で不動産の移動する場合はちゃんと報告をし、町内の人みんなにも言いなさいという内容です。勝手にこそこそと家の売買をしてはいけないというものです。それと文書の左側には、この商売はしてはいけないとして具体的な職名が書いてあります。例えば鍛冶屋さんの場合、音を立てることがいけないようです。それから「後家人」や「牢人」という文字が見えますし、さらには「座頭《ざとう》」「馬借《ばしゃく》」「湯屋（風呂屋）」「打博」などが書かれています。不思議なのは「米屋」です。かつてはこの町内で最大の仕事であったはずの米屋が、江戸時代中期以降ではしてはいけない業種に入っているのです。このよ

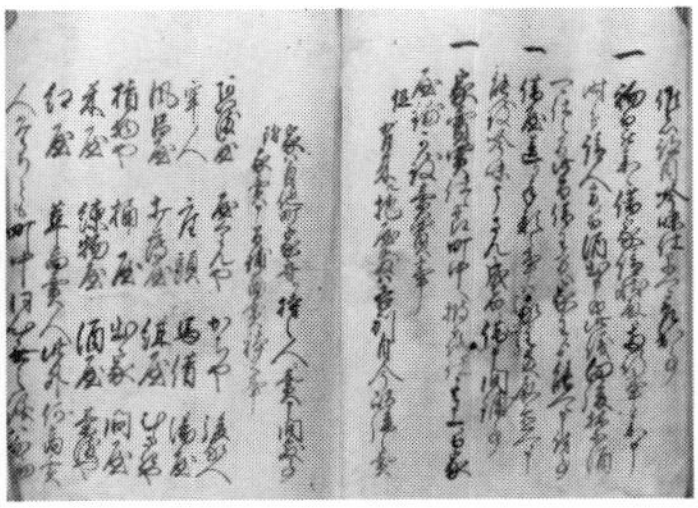

文書3

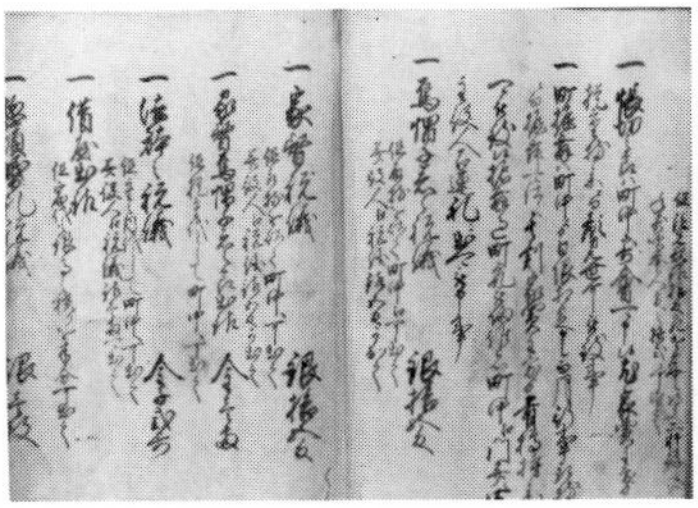

文書4

うに町内の不動産の移動や職業に対して、町衆は大変な発言力を持っていたのです。そのため勝手にこれらの商売を始めるようなことは起こり得ませんし、不動産の移動に町内の人が責任を持って対応するのですから、勝手に別の商業・職業が入り込めない状態になっています。

また上左の文書4は、町内の各種行事の「祝儀」のルールにふれているものです。烏帽子の祝儀、家督の祝儀、それから法躰―いわゆる宗教的な隠居に対する祝儀など、町内でこれらの行事をする時にはこれだけのお金を町内に納めなさい、という内容です。つまり町内で、この時はいくら用意するかということがあらかじめ決まっていたのです。現在でも「この度のお祝い、いくらにしよう？」ということは悩みの種であり、もめる原因となるものです。これは近代的な都市の運営としては、非常に親切で正しいやり方だと思います。

家売買の「町儀入用」で運営されてきた祇園祭

129ページの文書5には「祇園会時分ハ当町山之寄町の御供町中ハ…」と

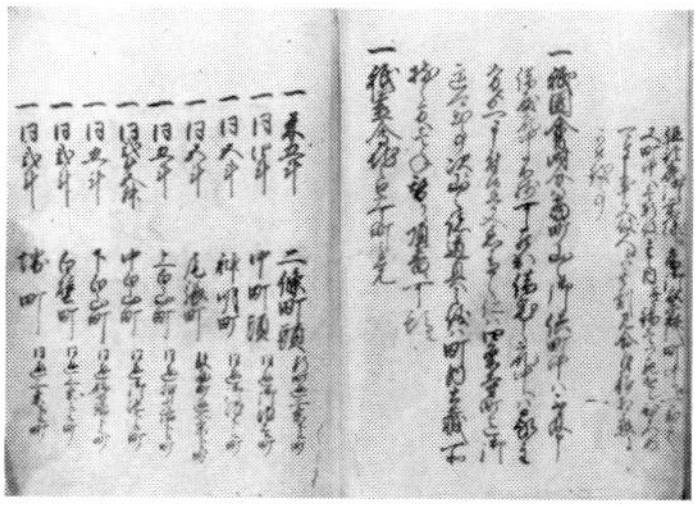

文書5

文書6-1

書いてあり、祇園会の「寄町《よりちょう》」の分担費について書かれています。「米五升」は「二條町頭」など、こまかに町名が上げられています。尾張町、上白山、中白山、下白山などこの時期には麩屋町通に沿って南北に連なる町が鈴鹿山の寄町に当てられており、それぞれの町内への分担金が書かれています。昔は伝えによると、山鉾巡行の時には三条麩屋町の上下《かみしも》に対しては山を向けてご挨拶をして、その後それぞれの町内からもご挨拶、応答に出るというのが私たちの町内の三条麩屋町の角での様子だったようです。

上左の文書6－1には、一行目に「正徳弐壬辰…、古幕を改め再興し…」と書いてあります。これは正徳二年（一七一二）に幕を新調した文書の冒頭部分です。この幕の新調・再興は寄付で行われています。130ページ上右の文書6－2を見ますと、冒頭に「覚」と書いて「金子五枚云々」とか金額と屋号などがいろいろに書いてあります。

また、この文書の続きを見ますと「古幕切代物数六つ」と書いてあり、古幕の裂《きれ》を売ったことがわかります。そしてその代金が「弐両三歩」になったと書いてあり、なかなか現実的です。この上の記述につづいて、一行

文書6-2

隔ててからは鈴鹿山のために新しく作ったものについて記されており、鈴鹿山で現在使われる品物もたくさん出てきます。例えば「御前様新御面」とは、鈴鹿山は古い面と新しい面があり、現在も使っていますが、新しい御面を二人の人（又兵衛・弥太郎）が寄進しています。

文書は正徳二年が始まりですが、その後は何年もかけて書き継がれ、記載がどんどん増えていくのです。山鉾の懸装品とは簡単に出来ているものではなくて、何年も時間をかけて充実させていっていることがこの文書からわかりますが、このことは前述の「家売買」の話につながるのです。

131ページの文書7は、右から六行目に「一　家売買之節町儀入用出銀の覚」と書いています。続いて「貳拾歩一、但壱貫目付銀五拾匁云々」と書いてありますが、その次の行には、この町内独特ですが「鈴鹿御前様御衣裳代」、それから「町振舞入用銀」、また「年寄方へ祝儀」と続きます。「年寄方」とは町内会長ともいうべき人です。ここの記述は、「町儀入用出銀」という不動産売買の時の不動産取得税のようなお金についてです。当時は国による税金の徴収はありませんでしたが、その代わりに上記のように「町儀入用出銀」としてお金を集めていました。

祇園祭山鉾連合会顧問の深見茂先生から伺ったことですが、戦後、深見先生の若い頃に黒主山の町内で寄付金やお供えを集めることになり、家へ帰ってから先生はお父様に、諸々の事情から寄付金集めのことが決まったと伝えられました。するとお父様に「おまえは何を言うとるのや」と怒られたとのこと。なぜかといいますと、祇園祭の山鉾とはいわゆる旦那衆の祭りだから、町内の者は必要なだけ出費しないといけない、ということでした。一般の人々からいただく寄付ではなく、山鉾町の祭りを運営している町内の者たちが、費用が足らなかったら足らない分だけ全部出さないといけないし、それが山鉾町の今日言うところのオーナーの立ち位置なのだということです。このことをお聞きし、この言葉は重要だと思いました。なお深見先生はその後、そんなことでは駄目だということで何とかお父さんを納得させて、費用を工面したこともお聞きしました。

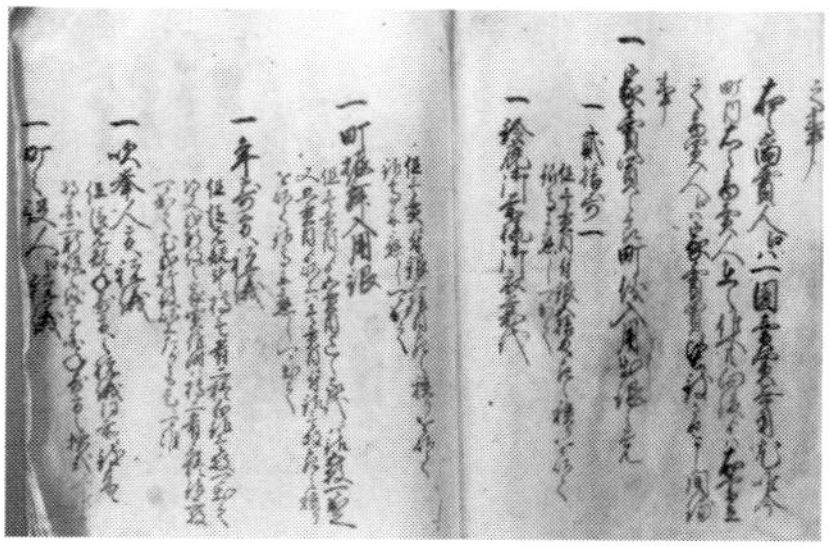

文書7

右から七行目の「貳拾歩一」とは五パーセントです。またその横に書いてあるものを三つほど足すと、ほぼ一割（一〇パーセント）になります。この場合、土地を購入した時、額が一億円だったとしますと町内は黙って一〇〇〇万円をもらうことになります。それを祭りなどの諸経費にあてるのです。

「鈴鹿御前様御衣裳代」の御前様とは、鈴鹿山に飾られる女の神様の人形のことで、そのお衣装代として、土地売買とからめて合計一割は町内が頂くわけです。「山鉾の御前様のために頂戴します」とはしやれていると思います。これらのことは町内のみんなで決めた取り決めなので仕方がないわけです。

祇園祭を支えた町衆の分担金

左の文書8－1は、この町内の「地ノ口覚」についてです。「三升六合」など石高や金額の詳細とこの町内の人の名前が記されており、これだけの金額を出しなさいという内容です。書かれている「三条梅忠町」とは、先ほど道路元標の話題が出ました烏丸三条を東に入ったところの梅忠《うめだだ》町です。また「両替町」とは、その裏側の町です。曇花院町《どんげいんちょう》とは東洞院通の三条を北上したところです。接している町はそれなりの費用負担もやりますということできっちりと決めているのです。

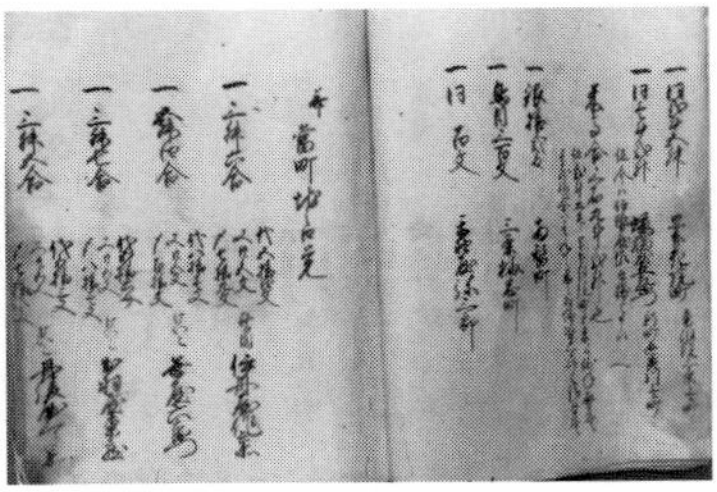

文書8-1

次ページの文書8－2の左から六行目に「右屋数合四拾壱軒」とあります。この文書が書かれた時期も前述の文書1同様、四一軒だったようです。明治以降も四一軒という記録があります。そんな中で細かいことが書いてあります。今でいう役員さんには、負担を少し減らしたのです。

また文書8－2では、左から三行目に「祇園会払方之覚」と書いていま

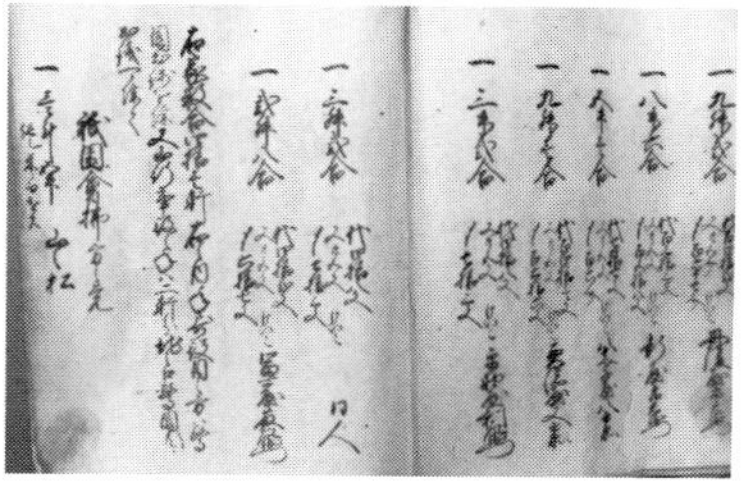

文書8-2

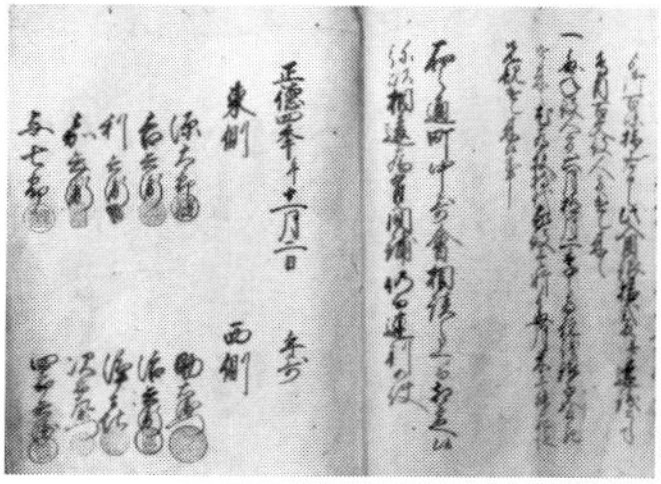

文書9

す。冒頭には「一斗五升　山の松」とあります。山にとって松は一番大事なものであり、精神的な意味もあって、文書の一番最初に書かれていることがこの記述からわかります。次行に「但し」とあり、米の現物で払ったようで「米ニ而出ス」と書いてあります。

上左の文書9は、左ページに町内の人名が並んでいます。正徳四年（一七一四）の文字で、昔は町内で正規の会合をする場合は席順「順席顔見世」を決めていました。「順席顔見世」というのは歌舞伎の顔見世と同じことです。席順の基本は年齢順で、一番のお年寄りが一番上です。お金持ちだから順番が上などということではありません。同じ年齢の人はどうするかと言いますとそれもルールを決めていて、ご先祖が先に町内に入った家が上だということが書いてあります。それだけに正規の催しの時にはその席順が時々書き替えをしていますから、重要なことではなかったかと思います。

134ページの文書10は前ページの文書の続きです。まず「定」とあって、「家賣買之節町儀入用出銀之覚」と前述の文書と同じことが書いてありま

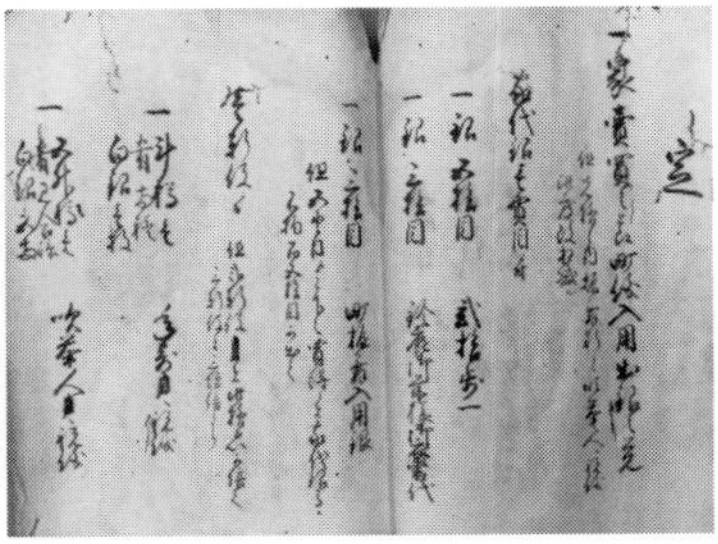

文書10

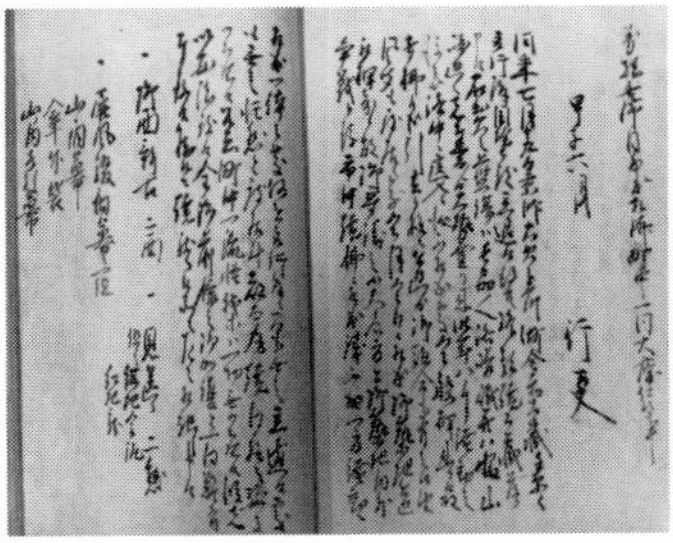

文書11

す。「家代銀壱貫目」の場合のそれぞれの振り分けが書かれています。先ほどと同様「貳拾歩一」とありますが、貳拾歩一とは五パーセントで、この辺りの町内の不動産取得税としては常識だったようです。また「但」とある小書きには「吹挙人」と書いています。吹挙人、つまり家・土地を売買した際の仲立ちをした人に対するお礼のことを決めているのです。

元治の大火で町内も山鉾も甚大な被害

上左の文書11には右から三行目に「一　同年七月十九日京師大火之節」と書かれています。「同年七月十九日」というのは元治元年（一八六四）七月のことで、蛤御門の変による大火によって、これだけの物が焼け残ったことが書いてあります。「御面新古　二面」、そして見送りなどが焼け残ったことがわかります。

昔は蔵が焼け残るということがあったようで、私の町内の記録を見ると「割り預け」ということをしています。つまり町内の大きな蔵を持つ

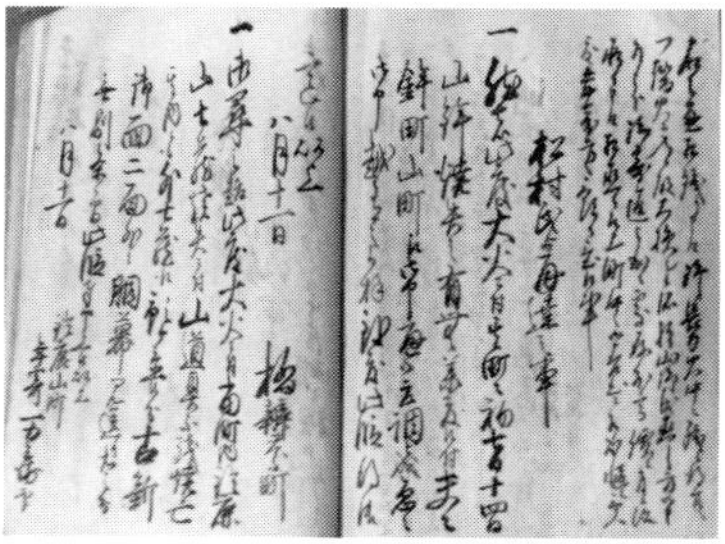

文書12

文書13

家に物を預けたりすることで、町内の蔵があったりすることもあります。それからあるものについては「これはあなたのところで預かってください」という分担をしています。年ごとに引き合わせをして、預けものの確認をします。

上右の文書12は、文中に橋弁慶町の文字も見えます。中ほどにみえる「松村氏」とは雑色《ぞうしき》（江戸時代、京都所司代の下で要人の警護や布告の伝達などに当たった役人）の名で、現在でいう警察官のような役の人です。その松村氏がこのたびの大火で町内の被害はどうかと尋ねています。また七日と十四日の山鉾の焼失の有無を言え、というようなことを書いています。

上左の文書13も前と同様に「一　昨元治甲子大火町土蔵焼失ニ付、御前様御木像を始諸品総而灰燼と相成候節…」とあり、山に関連する品々が焼けたことがわかります。

「御木像」とは、人形の土台、つまり裸形の人形のことです。それに衣装をつけて山に乗せます。御神面などは衣装をつけた後につけます。これもわが町内の自慢で、他の山にはいわゆる人形が乗っておりますが、それはだいたいが木で組んだものの上に、竹の籠のような胴をつくり、お装束をつけることで人形と見せているものが多いですが、本当の意味での人形はこの鈴鹿山だけです。江戸時代初期にはすでにこのようないわばマネキンであったようですし、明治以降に作り替えたものもマネキンです。女の神様なので女性らしい体形につくってあります。

罹災しても祭りは実施――町衆の強い意思

さて元治元年（一八六四）の蛤御門の変で大火がおこったのは旧暦七月十九日でした。祇園祭は六月七日と十四日に終わっていますので元治元年の祇園祭は無事に終了しており、そのあとに大火が発生、町の大半が焼けています。では翌年の慶応元年、祇園祭はどうなったのでしょう？

記録によると、前祭は全く出なかったそうです。被害がきつかったのでしょう。また私の町内も、山もさることながら家も焼けています。恐らく自分の家が焼けているのに何でお祭りをしないといけないのかというような状態だったと思います。ところが不思議なことにこの年、後祭に山鉾が出ているのです。

この年は蛸薬師通烏丸西入の橋弁慶山と、室町通三条上るの役行者山の二カ所がフル装備で山を出しています。山のお飾りというのは、豊かな町内ほど多くの着替えを持っています。ですから去年はこの装束を着たので、今年はこれでいこうかというようなこともあったのでしょう。

私たち鈴鹿山の町内も頑張って、唐櫃《からびつ》巡行という形で参加しています。近年の祇園祭の唐櫃巡行としては大船鉾や鷹山でもされていて、これで祇園祭への正規参加となります。ただし当時は、フルで山鉾を出された橋弁慶山さんも山を出すのは大変だったと思います。橋弁慶山の町内も焼けている可能性が高いからです。

果たして今日、私たちがこんな状況になったら神事やお祭りに参加するか？　そこまで頑張らなくてもよいのではないかとも思うのですが、先の文書を見ますと先人のパワーというか、継承へのこだわりというか、強烈な町衆の意思を感じるのです。ぜひ皆様にも知って頂きたい事柄です。

元治の大火は自然発火の火事と違い、完全に戦闘によって起きたもので町内の大半が丸焼け状態になってしまい、しかも自分の家も焼けて大変だったと思います。しかし六月十四日の祇園祭には出ねばならない、山の部材は残っているし、ご神面などが焼け残ったので、「いやうちはこうでっせ」といわんばかりに、ご神面を唐櫃に入れて巡行したのだと思います。唐櫃巡行のことはわが町内に列立《れつだ》て記録がのこっており、それを見ますと大層にお祭りに取り組んでいることがわかります。

この時の唐櫃は、本当に山とご神体が通るごとく、最初に金属の棒（チリン棒）を立てて、鍵箱も持って巡行しています。一五人という結構な人数でしっかりと役柄を決めており、二人の人が唐櫃を担いでいます。「あっ、神様が通られる」と思わせるような演出がされていたようです。

かつて、先人は火事で丸焼けになっても祇園祭は行っていましたが、またそういうことが起きた場合、果たして現代の我々にできるかどうか？　われわれにはまだまだ紆余曲折がいっぱいなのが現実でございます。

神輿渡御の舁き手とその心意気

吉川忠男
（三若神輿会幹事長）

❖祇園祭のお神輿を見られたこと、ありますか？

近年、注目を集める神輿渡御の世界

私は、祇園祭のうち十七日の神幸祭と二十四日の還幸祭で行われる神輿渡御の際、中御座《なかござ》のお神輿のご奉仕をさせて頂きます三若《さんわか》神輿会の幹事長をつとめております。

みなさんは、七月十七日の前祭も二十四日の後祭のどちらも同日夕刻から出る神輿を迎えるために山鉾が巡行していることはご存知でしょうか？　八坂神社の神輿は三基ございますが主祭神・素戔嗚《すさのお》尊《みこと》がお乗りになる中御座神輿を私ども三若神輿会がご奉仕させて頂いております。幹事長というのは

神輿の前で舁《か》き手に指示を出す指揮者のような役割です。本日、私がお話するのは神輿会の側から見た祇園祭についてのお話です。

祇園祭というお祭りは、見る角度によって見え方が異なります。今日は三若神輿会の私が祇園祭にどのような視点と想いをもってご奉仕させて頂いているかを聞いていただければ幸いです。

さて、かねてから「祇園祭は誰のお祭りなのか」とよく尋ねられることがあります。八坂神社の神事なのか、それとも町衆のお祭りなのか、観光行事なのか、と。そして一番わかりにくいのは、神輿と山鉾の関係といわれます。

八坂神社のホームページで紹介されている祇園祭の解説をみますと、貞観十一年（八六九）、神泉苑に当時の国の数である六六本の鉾を立て、祇園の神を祀り、神輿を送ったことがはじまりで、七月一日の吉符《きっぷ》入《いり》から三十一日の疫神社《えきじんじゃ》夏越祭《なごしさい》まで、七月の一カ月間にわたり、お祭りが行われていることなどが書かれています。

またウィキペディアでは祇園祭は、八坂神社の祭礼であると断った上で山鉾巡行など山鉾町が主催する行事と、八坂神社が主催する行事に大別されると記載されています。これまで一般の観光客の関心はもっぱら山鉾巡行にあったように思いますが、最近は一般の方々にも神輿渡御に対する注目度が上がってきており、テレビなどで「もう一つの祇園祭」として紹介されることが増えてきました。ただ「もう一つの…」といわれると、祇園祭が二つあるような誤解を招くようで気になります。

またご承知のように、昭和四十一年（一九六六）から平成二十五年（二〇一三）までは二十四日に山鉾巡行が行われておらず、十七日にしか山鉾巡行がありませんでした。十七日の山鉾巡行が終わると祇園祭全体が終わってしまったような感覚や認識を京都市民の方でも非常に多く持っておられたと思いますし、我々が二十四日の還幸祭で神輿渡御をしている時に、市民の方から「祇園祭も終わったのにこれは何のお祭りですか？」と聞かれたりして、悔しいような思いもしました。

おかげさまで後祭が復興してからは、さすがに先のようなことを言われる方は少なくなったように思いますが、まだまだ神輿渡御の意味は十分には認識されていないのかなと感じております。

かつて平安時代、祇園祭創始の頃に六六本の鉾を立てたといわれますが、室町時代の頃から今日のような華やかな山鉾巡行の形をとるようになりました。そして山鉾巡行と神輿渡御の関係は、山鉾が市中の厄災を集め祓ったあとに神輿でご祭神がお越しになると一般的には思われているようです。

神輿のご祭神と神輿渡御の意味

神輿渡御の神輿に乗っている神様ですが、中御座の神輿にお乗り頂いているのが素戔嗚尊です。伊勢神宮のご祭神・天照大神《あまてらすおおみかみ》の弟神であり、大変荒々しい気性の神様です。出雲国（島根県）でヤマタノオロチを成敗されて、いけにえにされそうになっていた姫君を救ったといわれます。この姫君が東御座神輿に乗っておられる櫛稲田姫で、のちに素戔嗚尊の妃になられます。

日本神話によると、天照大神が天の岩戸にお隠れになった原因は弟の素戔嗚尊の乱暴狼藉であり、お隠れになって地上が真っ暗になったと伝えられていますが、それぐらい激しい神様です。その一方で素戔嗚尊は、日本で最初に和歌を詠んだ神としても知られ「八雲《やくも》立つ出雲八重垣《やえがき》妻籠《つまご》みに　八重垣作るその八重垣を」という和歌を歌われたと伝えられます。よく神様を表現する言葉で荒御霊《あらみたま》・和御《にぎみ》霊《たま》といいますが、素戔嗚尊は「やんちゃ」で気性が荒い神でいながらも、風流心があったり、涙もろく情に厚かったりと二面性を持った人間味のある神なのです。

図1 郭巨山の吉符入（掛け軸は「祇園牛頭天王」）

左の写真を見ますと、郭巨山《かっきょやま》のご神号の掛け軸には「祇園社」のあとに「牛頭天王《ごずてんのう》」と書いてあります。また私たち三若神輿会のご神号には「素戔嗚尊」と書いてあります。

素戔嗚尊と牛頭天王はともに同じ神様のお名前であり、同一神とされています。牛頭天王とはもともと仏教の神様で、明治時代以前の神仏習合時代のご祭神の呼び名です。そもそも祇園祭の「祇園」の地名の由来は仏教の祖・釈迦

図2 三若神輿会の吉符入（掛け軸は「素戔嗚尊」、撮影:薬師洋行）

が説法を行った「祇園精舎」にあります。祇園精舎とは『平家物語』の有名な一節「祇園精舎の鐘の声、諸行無常の響きあり…」にも登場しますが、釈迦が説法を唱えたインドの寺院であり、牛頭天王とはその祇園精舎の守り神で、つまりインドから来られた神様です。

当時の権力者や宗教者は日本古来の宗教である神道と、新しく伝来した仏教を両立させるために、二つの神様は同一の神様であると説きました。それが明治維新（一八六八年）の際、国の政策で神仏分離が行われて、八坂神社の神様は牛頭天王から素戔嗚尊に一本化されました。ただ郭巨山さんがお持ちの掛け軸のように、牛頭天王と呼ばれた古い時代の掛け軸も現存しています。特に山鉾町のご神号の掛け軸は「牛頭天王」と書いているものが多いように思います。

先に述べたとおり、一般的に山鉾巡行と神輿渡御の関係は、山鉾が市中の厄災を集め、祓った後に神輿でご祭神がお越しになるといわれておりますが、そこには少し誤解があると思っております。山鉾が依り代で、そこに厄災が集まるということは間違いではありません。しかし山鉾巡行で厄災が祓われるならば、まるで素戔嗚尊とその妻子は神輿に乗って平安な洛中に物見遊山の家族旅行に来られるかのようになってしまいます。やはり山鉾が神輿の通る道をお清めしていただいた後に神輿が洛中を回ってけがれや厄災が起こらないよう治めていただいていると考えるべきです。

素戔嗚尊（牛頭天王）は前述のとおり二面性のある神様で、もともとは疫神と考えられていましたから、市民がお祀りして善行を積めば厄災は免れますし、粗末な扱いをしたり、悪いことをしていると厄災がやってくる。山鉾ではなく素戔嗚尊こそが厄災を解ける存在であるという考え方です。

長い歴史の中で疫神であったはずの素戔嗚尊（牛頭天王）が、いつからか正義の神のようになったと考えられますが、本当は怖い神様であり、そういう部分からも疫神を鎮める祭りから厄災を解いてくださる神をもてなす祭りへと祇園祭に対する全体の考え方が変わって来ているのだろうと私は思います。

三基のお神輿と三つの神輿会

次ページに掲載の空撮写真図3は、七月十七日の神幸祭の様子を写したものです。

三基の神輿を石段下まで運び、各巡行路に出て行きます。この時、三基の神輿が揃って神輿を差し回しますが、これが前半の見どころです。三基がうまく揃って回すことは大変ですが、各神輿会の幹事長が申し合わせてタイミングを合わせて回しています。

写真のように、祇園祭の神輿は三基あります。私たちが八坂神社からお預かりしているお神輿ですが、真ん中が素戔嗚尊をお乗せする中御座という三若神輿会の神輿です。八坂神社に向かって左が櫛稲田姫命がお乗りになる四若《しわか》神輿会の東御座で、右がそのお二人の間にお生まれになった八柱御子神《やはしらのみこがみ》がお乗りになる錦《にしき》神輿会の西御座です。

これらの三基の神輿を舁いている人数をよく聞かれますが、公称二〇〇〇人としています。写真の日は雨が降ったのでやや少なく見えますが、それでも一三〇〇〜一五〇〇人ぐらいはいるのではないかと

図3 祇園祭 神幸祭(7月17日)の様子(撮影:薬師洋行)
祇園石段下にそろった3基の神輿。真ん中は中御座、その左が東御座、右が西御座。

思います。

❖神輿の舁き手たちと神輿会

三若神輿会　その歴史

図4　三条台若中会所（三若神輿会）

神輿は前述のとおり三基あり、それぞれの神輿を舁く三若・四若・錦の三つの神輿会があります。

三若とは「三条台若中」の略称です。二条城の南側に江戸時代に三条台村という村落があり、そこの若中ということで「三条台若中」と呼ばれました。若中とは青年団のことですが、神社にご奉仕をする「講」の役割もあったと考えられます。

四若は、もともとは四条高瀬川の船頭衆として役割を担っていた人々で、三若に対して四若と名付けられたと思われます。

錦は、錦市場（錦商店街）の方々です。神輿会の歴史は浅く、神輿を舁かれたのは昭和二十二年（一九四七）からです。

三若神輿会の会所は三条大宮西入ル下ルにあります。八坂神社か

図5 三条台若中会所の駒札（撮影:薬師洋行）

らも山鉾町からも離れているので「何でこんなところにあるのか」などと聞かれることがありますが、その理由の一つに、祇園祭発祥の地である神泉苑（御池通大宮西入ル）に非常に近かったということが挙げられます。また、神泉苑の南端であったと考えられ御霊会が行われたという「斎場」の地に建つ御供社《ごくうしゃ》（又旅社《またたびしゃ》）にも近いということや、または平安時代の頃から三条通はメインストリートであり、三条大宮は「列見の辻」として朝廷や時の警察機関が山鉾でいうくじ改めのようなことをしていた地であることも理由として考えられます。

現在、三若神輿会の会所に建てられる駒札には「元禄の頃から八坂神社の神輿渡御に奉仕し、明治までは中、東、西の三座とも渡御に携わっていた」と書かれています。中御座の神輿を三若だけで舁き出したのは、恐らく江戸時代の終わりか明治の初期です。それまでは大坂の今宮《いまみや》神人《じにん》が京都で蛤を売るためにご奉仕で神輿を舁いていたといわれます。また山鉾の担い手である室町の呉服商も当時は「綿座」といわれ祇園社との商業利権があったとも聞きます。中世における祇園祭の担い手は神輿も山鉾も祇園社との商業的関わりのある人々が担っていたのでしょう。

三若神輿会　舁き手の変遷

今の三条台若中の役員の先祖は四〇軒ほどの家で地主や商人の家が多かったです。それぞれの家の小作さんや雇人が神輿を舁いていたのですが、外部からの強力な助人もいました。その一つが界隈の材木商の人たちです。

堀川の材木神人の存在にもその起源が求められます。材木神人とは、平安京ができた頃から、堀川で材木を運んでいた人たちのことで、かつてはこの人たちが中心になって神輿を舁いていました。近年まで千本三条付近には西高瀬川の水運によって材木を扱っていた人たちが多数おられました。昭和のある時期までは先に述べた三若役員家の商いや農地での雇人や、この材木商たちが三若神輿の主たる舁き手でした。材木商の中には千本組といういわゆる当時の任侠団体もあり、三若でもかなりの力を持っていました。神輿の舁き手の世界は昔からなかなか荒々しく独特の伝統や文化が今に受け継がれています。

また、これも先に述べましたように三若は三条大宮界隈に住んでいた四〇軒ほどの家がファウンダー（創始者）となり三条台若中という「講」を作ったわけですが、私を含め今の役員もみな当時のファウンダーの子孫で構成されています。舁き手のみなさんと区別して「三若本部役員」と呼ぶこともあり、いわゆる世襲制で今は四〇数名がその任に就いています。一方で京都中から集まる総勢八〇〇人ほどの舁き手は、昭和期の三若からの地縁や人縁で、それぞれにルーツをもつ一〇の会から成り立っており「三若みこし連合会」と呼んでいます。このように本部役員と舁き手の二重構造になっているのが四若神輿会、錦神輿会にはない三若神輿会の特徴です。

みこし弁当――三若で独自に伝承される弁当づくり

三若神輿会で伝承されていることの中に、舁き手たちに振舞われる「みこし弁当」があります。神輿渡御が行われる十七日の神幸祭と二十四日の還幸祭当日の朝六時から、一〇〇人近い舁き手の男衆のみでつくられる弁当です。その作り方は「弁当打ち」といい、京丹波市にある八坂神社の御神田でとれたお米をブレンドした白飯を、木型につめて竹の皮の上に打ちつけてからごまをまぶし、おかずは梅干に沢庵漬けが二枚つくのみの質素なものです。これを食することができるのは神輿会の役員、舁き手の人たちと地元の一部の人のみです。

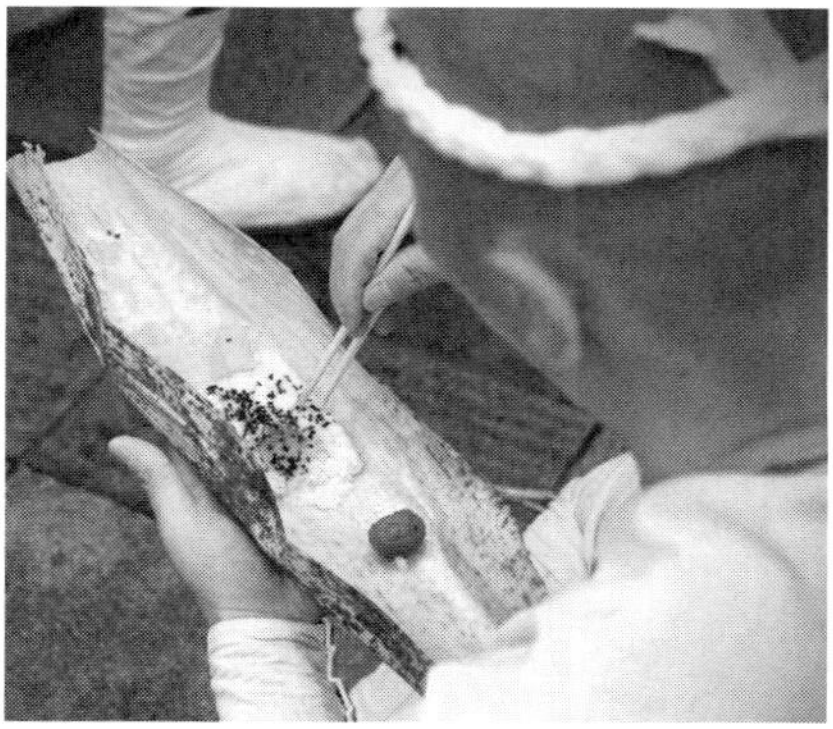

図6 みこし弁当（撮影:薬師洋行）

宅配のお弁当やコンビニがある時代に一見、無駄なことをやっているように思われましょうが、このみこし弁当を食べるために神輿を舁きに来るという人もいるほどです。良い悪いではなく昔のことを忠実に行い、伝統を守ろうとするのが三若スタイルです。

京都の舁き手は白装束

東京のお祭りでの神輿を拝見しますと舁き手の半被《はっぴ》の色が紺などさまざまな色があります。祇園祭の神輿では、舁き手の装束は白です。かつて私は「これは死装束やから」と大先輩から教わったものです。「神輿で死んでも文句を言うな」ということで、それぐらいの覚悟で来いという意味です。

また関東方面のお神輿では、「舁き料」といって日当が出たり、あるいは逆に神輿を舁く権利を売ったりするなど経済的な見返りが必要になったりすることがあると聞きますが、我々は非常にシンプルで、私ども本部から神輿を舁く権利として半被を貸与し、渡御の当日にお弁当二個渡すだけで、それ以外一切ありません。ですが、舁き手の皆さんはそれを粋に感じてくれてご奉仕してくれるという関係で、非常にこれは尊いことと思っております。

祇園祭と神輿の行事

祇園祭の初日である七月一日の吉符入から、最後の三十一日の疫神社の夏越祭までの一カ月間、数々の行事（神事）が行われますが、その間どのような行事が行われているのか、特に山鉾と神輿の関係がとてもわかりにくいという質問があります。

そこで四条寺町の南側にある御旅所を祇園祭の「メインステージ」と考えると、山鉾と神輿の関係も、一カ月続く祇園祭の何が中心神事なのかもよくわかります（御旅所は、日頃は四条センターというお土産屋さんです）。

先に申し上げましたように、七月十七日には前祭の山鉾巡行の後の神輿渡御（神幸祭）で素戔嗚尊をはじめとする八坂神社の神様が御旅所に「おいで」になります。そして七月二十四日には後祭の山鉾巡行の後の神輿渡御（還幸祭）で神様は八坂神社に「おかえり」になります。つまりこの一週間のあいだ、洛中である四条寺町の御旅所には素戔嗚尊をはじめ八坂神社のご祭神がお泊りになっていらっしゃるのです。

吉符入（七月一日）

それでは七月一日の吉符入から順を追ってお話しましょう。

吉符入は山鉾町でも、神輿の方でも行われる行事で「神事始め」の意味があります。一斉に七月一日からときっちり決まっているわけではありません。一日に始められるところもありますが、三若神輿会の場合、近年は現実的に一番集まりやすい前後の日曜日ということになっております。この日、八坂神社から神職が来られて、簡単な打ち合わせと祇園祭の一カ月の無事を祈っての神事を行います。

二日にはくじ取りがあり七日以降は順に稚児社参が行われます。長刀鉾《なぎなたぼこ》の稚児社参がよく知られていますが、綾傘鉾稚児や神輿の久世《くぜ》駒形《こまがた》稚児も社参に行かれます。

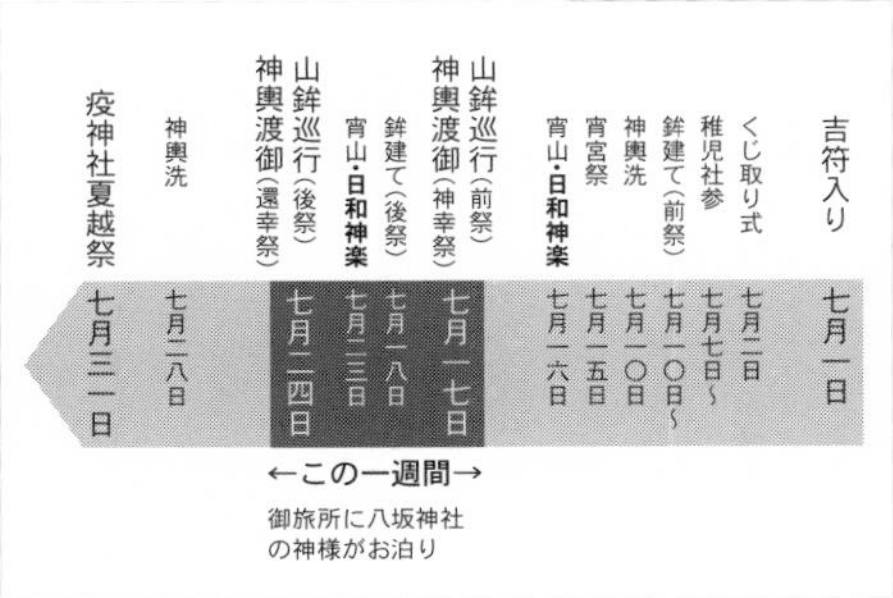

図7 祇園祭の一カ月

祇園祭のお稚児さんというと長刀鉾のお稚児さんをイメージされる方が多いと思いますが、お稚児さんはそれだけではございません。綾傘鉾にもお稚児さんがおられますし、我々が舁く神輿の先導にも久世駒形稚児というお稚児さんがいらっしゃいます。

久世駒形稚児は、馬に乗ったまま八坂神社の境内に入られます。長刀鉾のお稚児さんは「お位もらい」の時に境内に来られますが、下馬して強力《ごうりき》さんに担がれて入られますので、馬に乗ったまま入られるお稚児さんは久世駒形稚児のみです。それだけこの久世駒形稚児が祇園祭において大きなお役目をされ、高いお位を持っているかが想像できるかと思います。

神輿洗と無言詣

十日から山鉾建てが始まりますが、同日夕刻に神輿洗《みこしあらい》が行われます（二十八日にも行われます）。十五日は宵宮祭で、お神輿に神様が本殿からお遷りいただきます。そして十六日に宵山、日和神楽《ひよりかぐら》があり、十七日に山鉾巡行と神輿渡御があります。

図8 神輿洗の様子（四条大橋、撮影:薬師洋行）

「神輿洗」といいますと、神輿を自動車の洗車のようにごしごしとブラシで洗うようなイメージを持たれる方がいらっしゃいますが違います。神輿洗とは、四条大橋にお飾りをしていない中御座の「裸神輿」を持ってきて、榊で「神用水」という鴨川からくんだ水でお清めをします。民間の伝承では、神輿洗の時に鴨川の神様をお迎えしており、神輿には鴨川の神様も乗っておられるともい

図9 3基の神輿が鎮座する四条寺町御旅所

います。祇園御霊会が始まったのは疫病が流行したためであり、その疫病の原因には恐らく鴨川の氾濫があったのでしょう。当時、その治水もよくできなかった時代に夏の大雨で鴨川が氾濫して疫病がはやり、それは川の神の怒りであったという考え方をしたようです。そのため祇園祭で神輿に川の神をお迎えするというのは理にかなったことだと思います。祇園にある宮川町の「宮川」とは神様の御神水に由来しています。

また、神輿と神様が御旅所におられる十七日から二十四日の間、「無言詣」が行われます。御旅所に神輿が鎮座している期間、一言も口をきかずに、毎晩欠かさず御旅所にお詣りをすると願い事がかなうといわれています。祇園の女性たちに伝わってきた慣わしで、御旅所に至るまで誰にあっても口はきいてはいけないもので、それをやぶるとご破算になるため、真夜中にお詣りされました。

御旅所は神様のお宿――山鉾にとっても特別な場所

山鉾が神輿を迎え（前祭）、そして送る（後祭）ために巡行していることは御旅所での山鉾行事を見るとわかりやすいと思います。

日和神楽は山鉾巡行の前日（十六日と二十三日）に各山鉾でお囃子を持っておられる町内が、御旅所に来られて奉納されるものです。翌日のお天気と巡行の無事を祈って奉納囃子を捧げられるのですが、山鉾の側として神様を迎えるために行われる行事でもあります。また御旅所にお神輿がある一週間も、各町の交代制と聞いておりますが、毎晩、囃子方が来られて、神輿（神様）に対して奉納囃子を捧げられています。

また何よりも象徴的なことは、山鉾巡行の先頭を行く長刀鉾の注連縄《しめなわ》切りです。お稚児さんが四条麩屋町に渡された注連縄を切るものですが、何のためにするかというと、ここから先は神域、神様の世界ですよという結界を切るのです。注連縄を切るのが四条麩屋町というまさしく御旅所のすぐ手前です。ここから東は八坂神社の神域という意味からも、神様がお泊まりになる御旅所は神輿方にとってはもちろん、山鉾にとっても特別な場所と考えられます。

神幸祭（七月十七日）

七月十七日の山鉾巡行の前祭のあと、夕刻から神幸祭が行われます。神様にお越しいただくということで、私たち神輿舁きの間では「おいで」という言い方をすることが多いです。

コースは中御座神輿（三若）の場合、四条通を西へ行って縄手通を北上して三条大橋を渡り、そして木屋町通を北上して二条通を西に進み、寺町通を南下、さらに三条から河原町通を南下し四条河原町を西行して御旅所に到着します。東御座・西御座もコースは異なりますが大体同じような動きであり、東西の移動距離はわずかです。要するに八坂神社から四条の御旅所まで神様をお渡しするというのがおいで（神幸祭）の本来の目的であり、江戸時代は八坂神社から四条御旅所までの直行だったようです。

現在の御旅所は豊臣秀吉がこの地に移しましたが、それまでは烏丸通夷川上ルの京都新聞社の横にある「少将井《しょうしょうい》」の西御座の御旅所と、東御座と中御座は、烏丸通高辻上ル東側の今の「大政所《おおまんどころ》」の御旅所と二つに分かれていました。これらを豊臣秀吉が

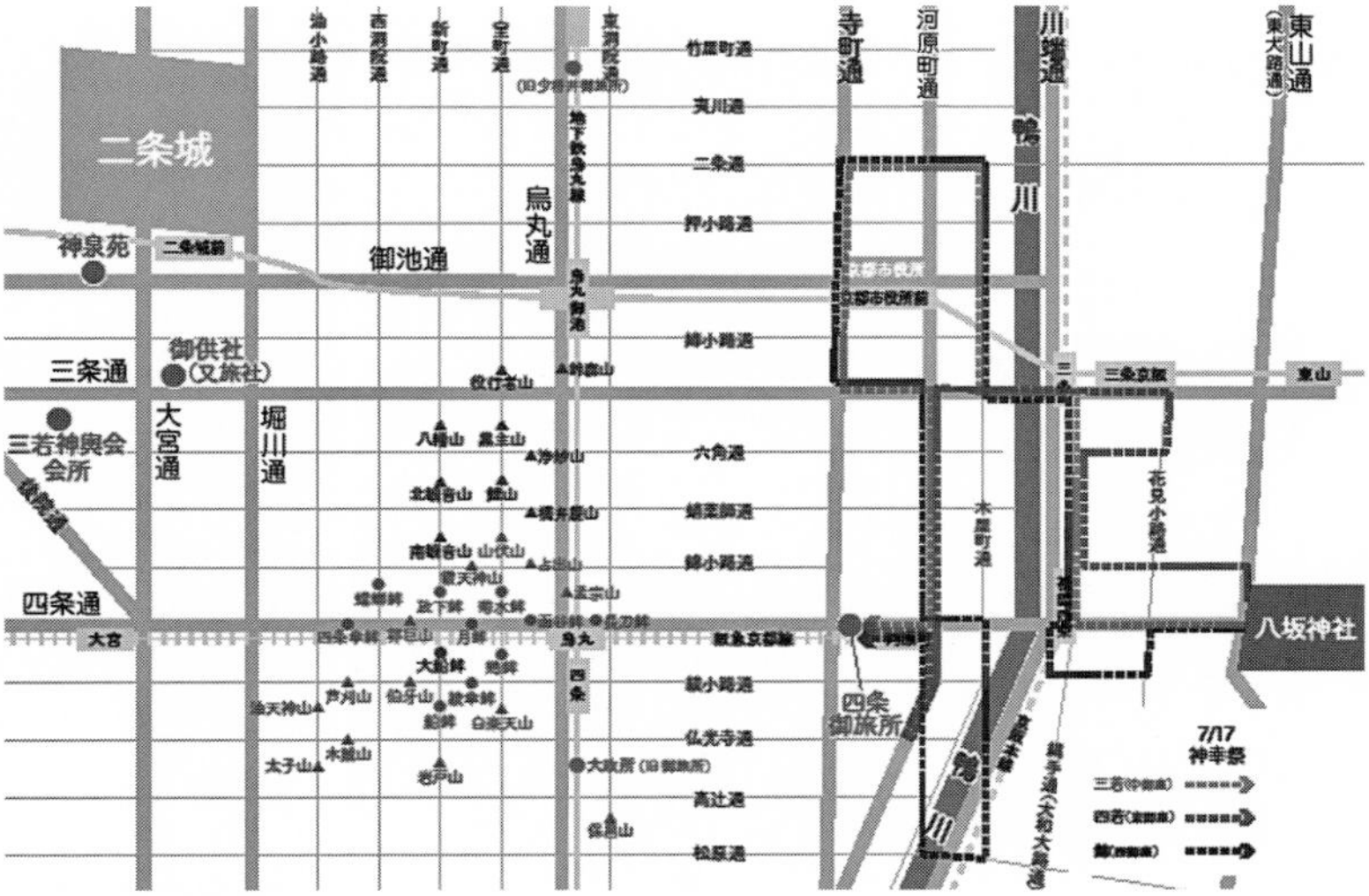

図10 神幸祭の神輿渡御のルート

政策上、神仏習合の時代でしたので寺院を集めた寺町通に近い現在地に御旅所を持ってきたのではないかと思います。地理的には寺町通というより、むしろ新京極通に近いような気がしますが、そんなこともあってか四条「寺町」の御旅所というふうに呼びならわしています。

神幸祭の渡御中、市役所前で大船鉾の皆さんにお囃子奉納をしていただいています。このようなところでも神輿と山鉾の行事は接点があります。他に二十四日の還幸祭では鷹山のお囃子を受けますし、二十八日の神輿洗の時、八坂神社では菊水鉾のお囃子を受けます。また前祭の山鉾なので解体された後ですが、還幸祭で通る月鉾や郭巨山の前で神輿の差し上げもします。これらは直接的な神事とは関係がありませんが、神輿と山鉾の接点が増えてきていることは祇園祭が一つであることが再確認されてきている証左であると思います。

図11　神幸祭　縄手通を北進する中御座神輿（撮影：薬師洋行）

図12　神幸祭　御旅所前へ到着（撮影：薬師洋行）

ところで市役所の前に神事のお神輿が停まることは政教分離の立場として、市役所は受け入れられないことと思います

図13 神幸祭 市役所前での大船鉾の奉納囃子
（撮影:河辺利晴）

が、神輿渡御も観光を含めた広い意味での祭りということで、神輿を停めさせていただいています。ある意味で神事である神輿渡御が観光化してきているともいえますが、見る人や担い手を増やし祇園祭を続けてゆくにはそれも意味あることだと私は思います。

還幸祭（七月二十四日）

七月二十四日、山鉾巡行の後祭のあとの還幸祭は、ご祭神が御旅所から八坂神社へ還られるもので最も大事なお祭り（神事）です。神幸祭と比べて氏子町内を渡る範囲も広く、古来、祇園御霊会とはこの還幸祭を指したといいます。三若（中御座）は御旅所から寺町通を南下して高辻通を西行、四条烏丸に出て、さらに四条通を西行し四条大宮を北行して御池通の神泉苑で神事を行います。神泉苑は鳥居がありますが真言宗の寺院で、神輿に向かって祝詞ではなく、住職がお経をあげられます。祇園祭発祥の地である御池通の神泉苑を通るのは三若だけですが、そのあと三条大宮からは三基の神輿が時間差で通り、当時の神泉苑の南端といわれる三条黒門の八坂神社末社の又旅社（御供社）以降は三基が三条通を寺町通まで東行する同じコースを辿ります。三基とも三条寺町からは寺町通を南下し、四条寺町で

図14　還幸祭　御旅所前からの発輿（撮影:薬師洋行）

図15　還幸祭　又旅社の前に到着する神輿（撮影:薬師洋行）

もう一度御旅所前を通って、四条通を東行し八坂神社へ時間差で三基が還ります。今日では四条通が京都のメインストリートのようになっていますが、中世から近代における三条通は非常に大きな意味のある通りだったと想像されます。ご存知のように後祭の山鉾もかつては烏丸三条を起点に三条通を巡行しており、神輿渡御のコースと軌を一にしておりました。ちなみに三条大宮は「列見の辻」といいまして、平安時代の頃から三基の神輿がきちんと通っているか謁見をするところで、山鉾巡行でいう「くじ改め」のようなことをしていたといわれます。

三基並んでの神輿渡御（祇園祭創始千百五十年記念）

このように三基の神輿は十七日の神幸祭の出発時、石段下の三基の差し上げを除いては別々のコース・時間で動いており、毎年三十分から一時間の差で十七日は御旅所に、二十四日は八坂神社に到着します。しかし今年（二〇一九）は祇園祭創始一一五〇年ということで、三基の神輿が（三条大宮の）又旅社と、この四条大橋の手前で集結しました。

下の錦絵は江戸時代のものですが、三つの神輿が並んで四条大橋を渡っています。江戸時代まで、三基の神輿はこのような動きをしていたことがわかります。こうした古式ゆかしいスタイルを創始一一五〇年の今年に限り、再現しようとしたわけです。絵を見て頂くと鴨川の川の幅が現在より広く見えます。ここで川神様がいらっしゃらない間にこの中州で、その納涼をしたのが、川床《かわゆか》の始まりと聞きます。

次ページ写真は四条大橋で中御座（三若）と東御座（四若）が並んで差し回しをしている珍しい光景です。神輿舁きの世界はなかなか荒々しく、きれいごとだけでは済まない部分もあります。同じ神輿を舁いている三若の中でも諍いはありますし、神輿会同士でもありえます。ほんの数十年前には新聞沙汰になる

図16 錦絵「皇都祇園祭礼四条河原之涼」 歌川貞秀 江戸時代（19世紀）

ようなこともありました。

今はそれぞれが自覚をもって規律を守って神輿に来てくれていますが、そのくらいの熱と勢いがないと約二トンの神輿は動かせないのは昔も今も同じです。五〇年前の創始一一〇〇年の頃は、このような三社（三基）が協調して差し回すことはできなかったと思います。

いよいよ神輿は八坂神社に還ってきます。祇園祭のルーツである祇園御霊会とは「おかえり（還幸祭）」を指すといいましたが、山鉾巡行を祇園祭のハイライトとするなら、クライマックスといえるのは還幸祭で神輿が八坂神社境内に還った時だと思います。近年は神幸祭（十七日）の石段下に多くの方に集まっていただき、神輿も「魅せる」場面が増えました。しかし還幸祭（二十四日）も終盤の夜十時に境内にいる人はそんなに多くありません。できればもっと多くの方に「お還り」を迎えていただきたいのですが、衆目を意識することなく

図17 還幸祭 四条大橋を渡る中御座（上）と東御座の神輿（撮影：中野貴広）

図18 還幸祭 八坂神社へ帰着、最後の神輿振り

自分の肩と背に神様を背負う喜びと誇りで必死の形相で神輿を舁いてくれている三若の輿丁《よちょう》（舁き手）を私は心から誇りに思っています。

祇園祭はなぜ続いてきたのか？

明治維新以降の祇園祭

最後に祇園祭はどうして一一五〇年も続いてきたのかということを考えますと、祭りに直接的に携わる人、支える人、見る人それぞれの情熱が、時を経て続いたことに疑いの余地はありません。またその裏には山鉾が登場して以来の「神事」と「神賑わい」の絶妙のバランスがありました。そして明治から今日までを見ますと祭りに携わる人々がよい意味で競り合ってきたことはとても大きいと思います。明治維新で祇園祭は「御上」が関わらない私祭となり、山鉾も神輿もその財政的基盤を失います。それを救ったのが明治五年

（一八七二）に設立され、氏子の学区ごとに祇園祭催行のための募金活動をし、山鉾にも神輿にも分配をする清々講社《せいせいこうしゃ》でした。よく山鉾町の担い手が室町の旦那衆に喩えられますが、神輿渡御を中心とする八坂神社の神事としての祇園祭の維持は、神社の門前町にいる祇園の旦那衆（宮本組）の力が大きかったと思います。[※1] 明治期の京都は都が東京に遷っても京都の灯を消してはならぬと、疏水や市電など我が国の先駆けとなる大きな事業が成し遂げられました。文化面においては祇園祭の灯を消すなということだったのでしょう。室町の旦那衆と祇園の旦那衆がお互いを意識しながら物心ともに力を注いで祇園祭を守ってこられたのではないかと推察いたします。その神輿渡御の実行部隊である神輿会の舁き手も明治以降に変遷してきたことは三若の例でお話したとおりです。

神輿舁きのプライド

三若神輿会の近藤浩史会長は今年（二〇一九年）の神幸祭で「祇園祭創始一一五〇年の節目であるが、この一一五〇年を支えてきたのは我々の神輿だ」ということを言っています。これこそが神輿舁きのプライドです。

一一五〇年前に祇園御霊会が始まった時にも鉾はありましたが、今のような山車の形になり市中を巡行するようになったのは祇園祭一一五〇年の歴史のほぼ半ばからです。かたや神輿は一一五〇年前から八坂神社（祇園社）から神泉苑に渡御しておりました。もっとも神仏習合の時代、祇園社は延暦寺の末寺であったこともありまして、延暦寺で強訴《ごうそ》などの争いがあった時など室町幕府が神事を中止したことが何度もあります。それに業を煮やした山鉾の町衆が「神事なくとも山鉾渡したし」と神事とは別に山鉾を出すようになりました。そうした歴史を経てだんだん神事としての祇園祭と、町衆の祭りとしての祇園祭が分離してきたと考えられます。その流れが昭和四十一年（一九六六）からおよそ半世紀の間、後祭の日の山鉾巡行が途絶えたことで決定的になりました。山鉾が「神を迎えて、神を送る」という祇園祭の本義を忘れていた間も、神輿方は祇園祭の神事を守り続けてきたという意味で、会長の先の言葉はたいへん説得力があると思います。

競いながらその輪を拡げてきた祇園祭

山鉾巡行と神輿渡御。いずれも祇園祭の重要な神事であり行事です。神事に対しての「神賑わい」は神様をもてなし、神様とともに楽しむことです。山鉾巡行はもともと神事より神賑わいの色合いが強い行事です。そして神事であるという神輿渡御も神幸祭の石段下の三社揃い踏みの差し回しなど、近年は「見せる」ことを意識した神賑わいの色も濃くなってきました。神輿方のプライドについて触れましたが、山鉾の高い注目度があるからこそ、その山鉾が何のために巡行しているのかを知った人が神輿に関心を持ってくれます。山鉾があってこその日本三大祭であり、その中心神事を担う神輿であることは神輿方もよくわかっています。一方で神輿を迎えるという本義を忘れると山鉾巡行は単なるパレードになってしまいます。そういう意味で山鉾と神輿はお互いがなくてはならない相互依存関係にあると私は思います。先ほど室町の旦那衆と祇園の旦那衆の話をしました。また祇園町からも山鉾町からも地理的に離れた祇園祭発祥地にルーツを持つ三若神輿会のアウトロー[※2]な旦那衆と荒武者たちも、元禄期から祇園祭に関わってきました。そこに明治以降に四若・錦の神輿会が加わって近代の祇園祭を形作っています。祇園祭は結局のところ「おらが村の祭り」の集合体です。三四の山鉾と三つの神輿、そして花傘など、それぞれの保存会や神輿会が自分たちのが一番カッコいいと思っているわけです。神輿と神輿、山鉾と山鉾、神輿と山鉾。それぞれが競い合う中で、多くの市民を直接的、あるいは間接的な担い手として巻き込んできたことで祇園祭が今日まで続き、多くの市民、観光客を魅了してきたのだと私は確信しています。

※1 宮本組は清々講社の第一号講社でもあります。
※2 アウトローは無法者という意味ではなく型破りという意味で使っています。

トピック①

変革期の山鉾町
——江戸から明治へ

深見　茂

祇園祭の山鉾は江戸時代も現在も京都中心部の「町内《ちょうない》」が出してきた。これは碁盤の目状の道路によって区切られた両側町のことで、江戸時代、これは「町中《ちょうじゅう》」と呼ばれ、公的行政単位であった。そしてそこに住む家持の住民は「町衆《ちょうしゅう》」と呼ばれた。幕府は裁判権と警察権はほとんど手放さなかったが、それ以外の諸行政業務を一定の制約付きながら、この町中に認めていた。

町中は日本の首都の市民の特権として、税（地子銭）は免除されていたが、担当役人（雑色《ぞうしき》）の給料を負担していた他、行政義務としては、捨て子の処置や孤児・寡婦の保護など、今日の福祉厚生

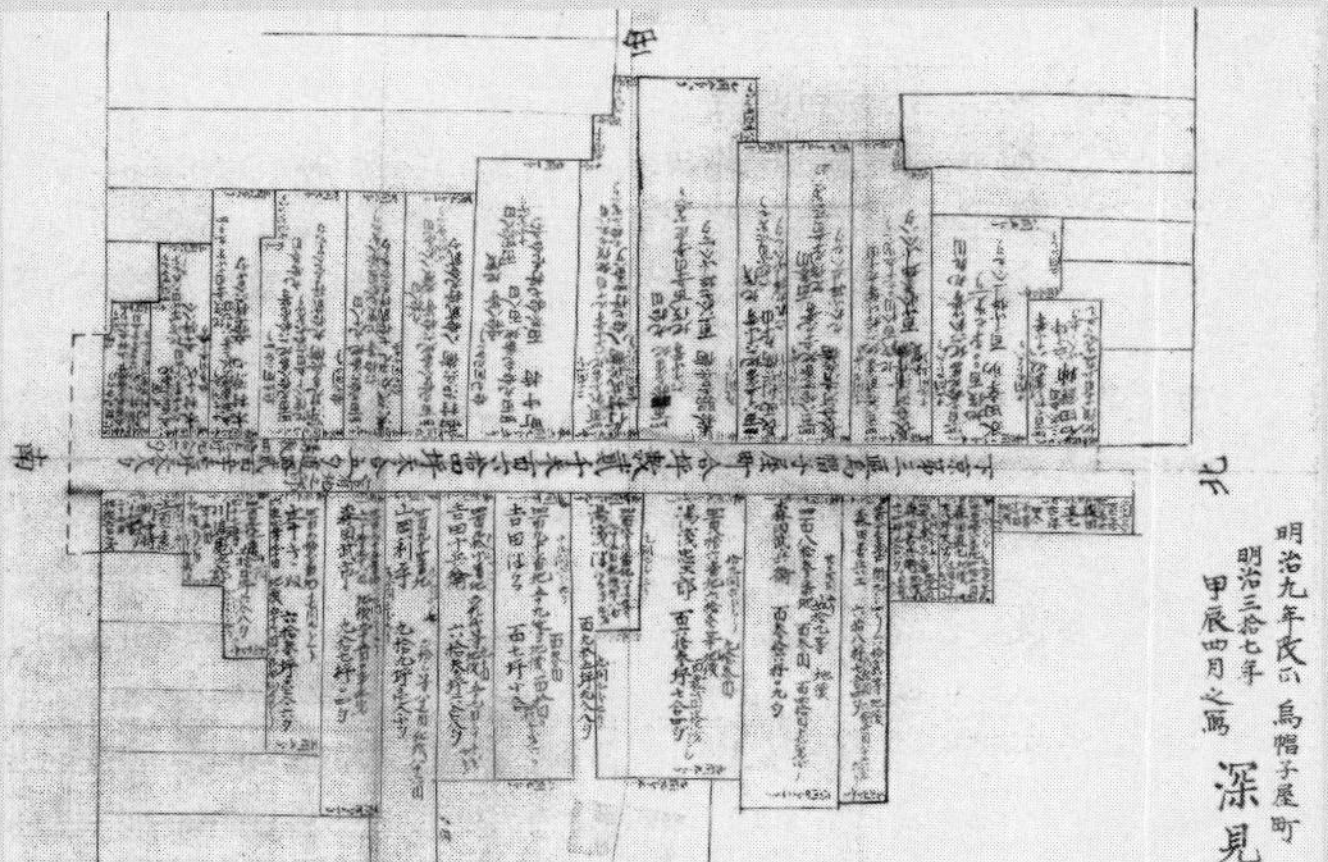

図1 明治期の烏帽子屋町の地図

業務に当たる仕事を担っていた。しかし他方、行政権限として、なかんずく不動産所有売買権、居住転出入認許可権、印鑑証明発行権を認められていたのである。この意味は非常に重要であった。すなわち、たとえば町内のある者が転出すると、その不動産を町中が一旦買収して保有する（町中《ちょうじゅう》持《もち》）。そして新所有者を選定するのであるが、この際の選定基準が、町内が呉服を中心とした商業地区であることに鑑み、この環境を保全することを眼目としていたことは勿論であった。町工場など異分子は排除された。

また、当時の商取引は半年または一年の約束手形によっていたから、印鑑証明発行権を握ることは、いわば町内の商人の首根っこをおさえていたも同然であり、これによって町内商家発行の手形の信用が確保された。このようにして、町衆は「町内式目」などという自治綱目を設けて認められた行政諸権限の行使規則を確立し、自律的で活発な市民生活を展開していたのである。

もっとも町中を差配していたのは、家持《かもち》（今日のオーナーのこと。店子《たなこ》と呼ばれる借家人は原則、権限がなかった）と呼ばれる旦那衆たちのみであった。その意味では淘汰さるべき封

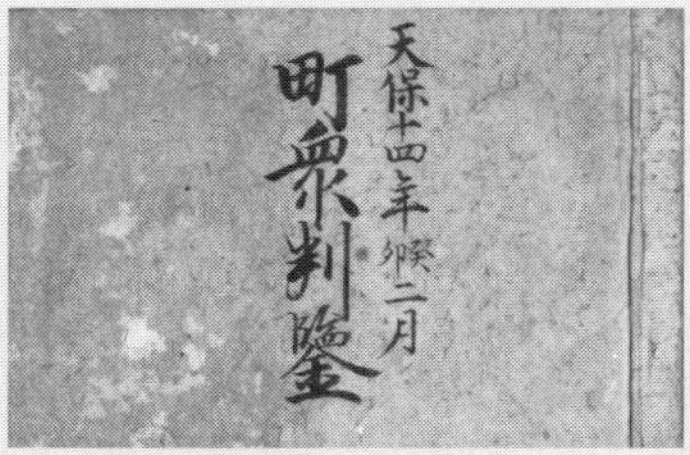

図2「町衆判鑑」（天保14年〈1843〉）

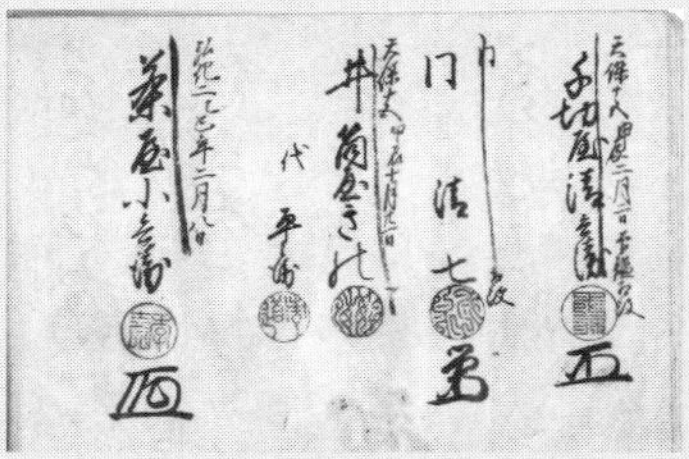
図3「町衆判鑑」に見られる各町衆の印鑑・花押

建性を抱えていたといえよう。祇園祭は一握りの旦那衆が一切の支出を請け負い、店子は「どうか宜しく」とお供えをするのみだったのであり、祭の準備も、町中の指導者が町衆一同を集めて「では、本年も例年通りに」と訓示すると、一同「へえー」とお辞儀してそれぞれが担当部署に散って終わり、であったようである。私の幼年時代の体験から想像できる。

さて、このように封建的ながらも、自主自立の精神に支えられて発展してきた町中が、衰退の一途をたどる事態が発生する。明治維新の到来である。明治新政府は欧米の侵略に対抗すべく、徹底した国家主義路線をとり、制度の過激な近代化と中央集権化とを急ぎ、それまで各地に息づいていた封建的諸制度と精神を徹底的に抹殺してゆく。

祇園祭もその直撃を免れることは出来ず、経済的支持組織を失い、いくつかの山鉾は質入れ、売却の危機に直面する。そしてこの方向の象徴的な出来事となるのが、明治三十一年（一八九八）の京都市の自治権獲得という行政変動であった。町中はそれまで保持していた上記の諸権限を徐々に京都市に奪われていく。ご承知の通り、今日、住民票は区役所が発行し、印鑑証明も区役所が発行権を握っているのである。

こうして法人格を奪われ、無権利状態と化した町中は、その名も「公同組合」と改められ、一種の任意団体と堕する。これは後に大政翼賛会の最末端細胞としての「隣組」と変身し、戦後は「町内会」となって、代表は市政協力員などと称して市にご奉仕申し上げている。

話を元に戻そう。不動産の所有売買権を喪失したため、旧町中は急遽、所有する不動産を法務局において、町内の旦那衆一名、ないし複数名の名義に変更した。これにより公的財産であった祭の拠点となる町家《ちょういえ》が個人の所有物と化した。つまり個人の恣意により売却が可能となったのである。

さらに維持されてきた場合でも、戦後の民法改定により、名義人の数はネズミ算式に増えた。たとえば私が生まれた町内（中京区烏帽子屋町）でも、当初一四名であった町家の名義人が、昭和六十一年（一九八六）には六八名にまでふくれあがっていた。私は保存会の法人化のためその全員から寄付証書を集める作業にも従事したが、その話はし始めると気分が重くなるのでやめておく。

いずれにせよ、こうして、祇園祭の山鉾を支えてきた町内はその頃から急激に力を失い、懸装品の新調、修理の財力もなく終戦を迎える。

幸いにしてその後、社会の理解も進み、国家、地方自治体の支援も得て、今日の繁栄を見ることができているが、最後に強調しておきたいのは、輝かしき日本の近代化と中央集権化のために町衆はかつての特権すべてを失いながらも、祇園祭のみは一私祭に過ぎなかったことが幸いして、その毒牙にかからず生き延びることを得、祭に特有の伝統的な数々のしきたりや手数《てかず》の中に、江戸時代以来培われてきた京都の町衆の自主と自治と自立の精神を継承し得ていることである。

（公益財団法人祇園祭山鉾連合会　顧問）

トピック②

神輿渡御と勅板

下坂　守

祇園祭の七月十七日の神幸祭、七月二十四日の還幸祭では、三基の神輿に先駆けて神宝を捧げ持つ「神宝捧持列」が行く。その「神宝捧持列」の先頭に立つのが円融天皇（在位：九六九～八四）の「勅」を板に記した神宝「勅《ちょく》板《ばん》」（「式札」ともいう）である。「勅」とは天皇の命令をいう。「勅板」は錦の袋に納められており、直接に拝することはできないが、板は先端が山形で、縦一八三・四センチ、幅二〇・七センチ、厚さ約一センチ、表面の上部に「感神院政所」、下部に三行に分けて一〇九文字の「勅」が記され、裏面中央には「天延二年六月七

図1　神幸祭の神宝捧持列の勅板（左から3人目、平成28年7月17日）

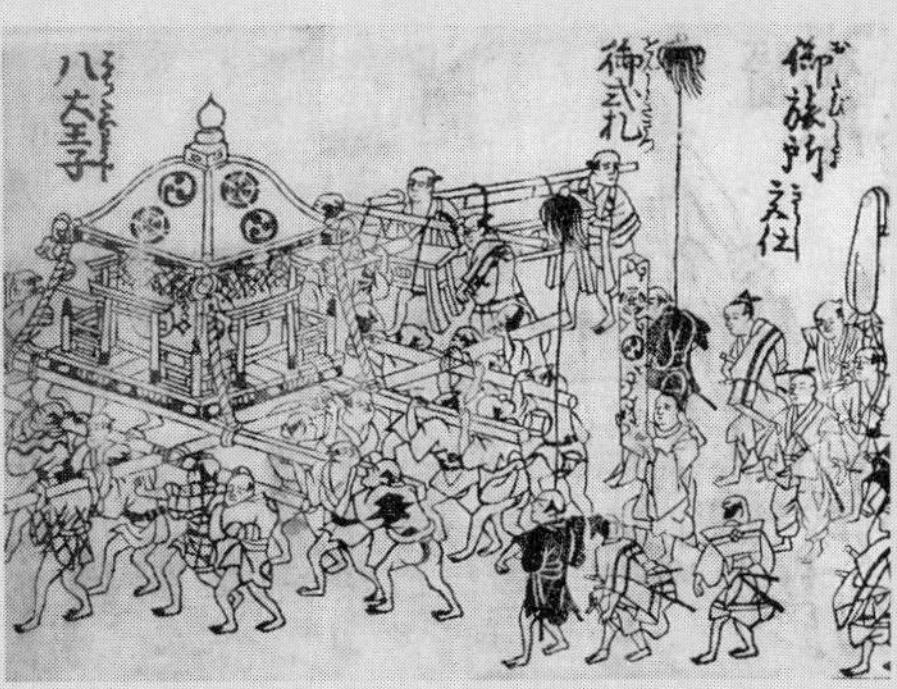

図2『祇園御霊会細記』（宝暦7年〈1757〉）の式札（勅板）の様子（右方）

日」の墨書があるという。

写真は江戸時代、享保十年（一七二五）に制作された「勅板」の複製である。「天延二年六月七日」の日付が表の最上部に書かれているなど、実物とはやや異なるところもあるが、そのおおよそがうかがえよう。

この「勅板」が神輿渡御（神幸祭・還幸祭）の際に捧持されるようになるのは戦国時代のことである。では、なぜかの時代からこのような「勅板」が神輿渡御にあたり捧持されるようになったのであろうか。

「勅板」に書かれている内容を整理して示せば、次のようになる。

①天延二年（九七四）五月下旬、高辻東洞《ひがしのとう》院《いん》に住む秦助正というものが、祇園の神から彼の屋敷を御旅所として「神幸」するという「神託」を受けた。

②助正の屋敷の裏にあった塚からは蜘蛛の糸が祇園社まで延び、また助正は神から霊夢をもって彼の屋敷に七日間「鎮座」する旨を告げられた。

③祇園社の所司（役人）がそれらの不思議なできごとを朝廷に報告したところ、円融天皇が助正を神主とし、その屋敷を御旅所として

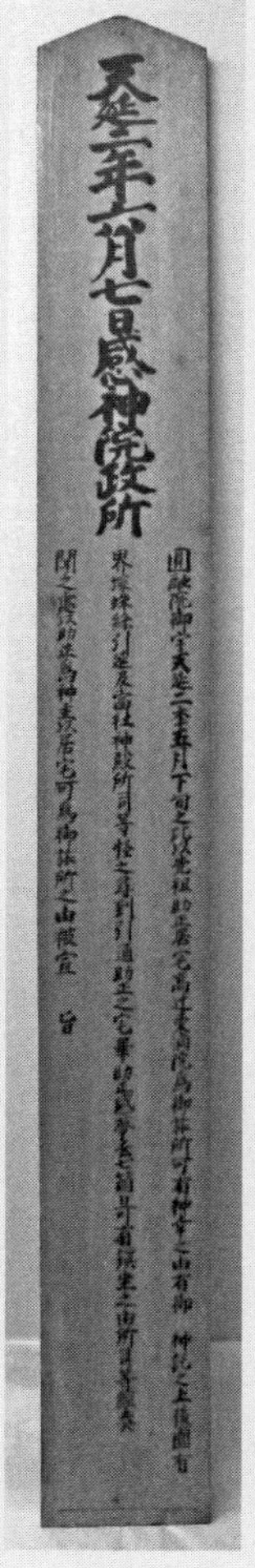

図3 勅板（享保10年）

祭礼をおこなうことを命じた。

　これによれば、神輿が御旅所に渡御するという形での祇園祭が始まったのは天延二年のことで、その草創には秦助正という人物が深く関わっていたことになる。

　しかし社伝によれば、祇園祭は貞観十一年（八六九）に悪疾が流行したときに、日本六六カ国の数になぞらえ六六本の鉾を作り、牛頭天王を祀って神泉苑に送ったのがその始まりという。「勅板」は祇園祭の始まりをそれよりも一〇〇年近くも後のできごととしているのである。この約一〇〇年の差は、どこから生まれたのであろうか。

　結論からいえば、「勅板」に記される天延二年という年は、祇園祭において神輿が初めて高辻東洞院の御旅所（大政所《おおまんどころ》）に神幸した年であったと考えられる。

　つまり年に一度、祇園の神が鴨川を渡って御旅所に渡御するという形で祇園祭がはじめて執行されたのが天延二年のことであり、それを執行したのが秦助正だったと考えられるのである。

　「勅板」に記された内容が決して荒唐無稽のものでないことは、室町時代までは秦助正の子孫が「（大政所）神主」として神輿渡御の祭事を司祭していたという事実が何よりもよくそのことを物語っている。

　また、御旅所（大政所）は天正十九年（一五九一）に豊臣秀吉によって現在地（四条寺町）に移転されるまで、秦助正の屋敷地であった高辻東洞院に所在しており、この点からも「勅板」の記載内容の正しさが裏付けられる。

　では、どうしてそのような秦助正に始まる御旅所（大政所）への神輿渡御の歴史は忘れ去られ、わずかに「勅板」に書きとどめられるだけとなってしまったのであろうか。

それは南北朝時代、至徳二年（一三八五）に三代将軍足利義満が秦助正の子孫が保持していたすべての神輿渡御の司祭に関わる権益を奪い取り、祇園社に与えたことによる。高辻東洞院の御旅所の地もこの時に祇園社のものとなっている。

義満の死後、秦氏はいったんはそれらを取り戻してはいるが、やがて嫡流が途絶えたこともあり、同氏が神輿渡御の神事を司祭することは完全に絶える。ただ、高辻東洞院の御旅所には以降も秦氏の流れを汲む「降屋《ふるや》」と呼ばれた人びとが住み、天正十九年に御旅所が四条寺町に移転となったときにも、彼らはそこに移り住んでいる。戦国時代、「勅板」を作成し神輿渡御に捧持することを始めたのは、彼ら「降屋」であったと考えられる。

「降屋」は、秦氏直系の当主が途絶え、秦一族が神輿渡御の神事を司祭することが不可能となった時点で、自分たちの先祖である秦助正がこの神事の創始者であったことを後世に長く伝える手立てとして「勅板」を作成し、神輿渡御に捧持することとしたものにちがいない。

「勅板」捧持は、明治になりいったん中断するが、明治十四年（一八八一）、それまで「勅板」を保管していた御旅所棚守の藤井吉基氏が八坂神社にこれを奉納してのち、やがて清々講社の人びとによって再び神輿渡御に捧持されるようになり（社務要記類纂12）、現在にいたっている。

（京都国立博物館　名誉館員）

トピック③

京都・祇園祭ボランティア21の取り組み

西川知孝

当会の前身は「京都青少年活動推進会議」として、青少年の健全育成と社会参加を目指し発足いたしました。その中で何か出来ないかと模索していたところ、都市中心部の空洞化や人口減少等で祇園祭山鉾巡行の曳き手・舁き手不足が深刻となっており、山鉾ご町内の曳き手・舁き手不足の解消と青少年の健全育成と社会参加として我々が何かお手伝い出来ないかとの意見が一致し「京都のお祭りは京都の若者の手で！」の合言葉と当時の伊《い》住《ずみ》政《まさ》和《かず》会長のご尽力もあり、八基の曳き手・舁き手として参加させていただいたのが始まりとなっています。

その後、青少年活動推進会議の発展的解消により「京都・祇園祭ボランティア21」として独立し、皆様からのご支援もあり今年（二〇一九年）で三五周年を迎えることが出来ました。現在では曳き手・舁き手のご依頼も二〇基に増え、曳き手・舁き手以外にも飲み物提供のお手伝いや時間記録、無線連絡、熱中症対策の補助要員、また八坂神社様のご依頼で花傘巡行や還幸祭のお手伝い等の多岐にわたり、合わせて約六五〇名が祇園祭にご奉仕をさせていただいております。

活動についてですが、四月に祇園祭の知識を深める意味で勉強会を行い、同時に今年の方針や募集の内容を説明させていただきます。

五・六月はいよいよ実務の動きとなり、人数の把握や一般募集、そして山鉾別に人数割り振りやリーダーの選定等、各リーダーは山鉾町別に窓口の方と綿密な打ち合わせを行い、オリエンテーシ

図1 曳き手ボランティアオリエンテーション 全体説明の様子（令和元年6月 東山開晴館 六原学舎）

ョンの準備に入ります。

　オリエンテーションとは参加者全員が一堂に集まり、諸注意や各山鉾町での決まりや仕来り等の連絡・確認を行うと同時に、単なるイベントではなく「神事へのご奉仕」であるとの意識も周知させ、最後に八坂神社へ玉串を奉納させていただき、参加者全員が無事にお祭りを終えられるよう参拝を行います。

　そしていよいよお祭りの日を迎え、リーダーは参加者の出欠状況を本部へ連絡し、いよいよ巡行となります。ボランティア本部では集合状況や人数の把握、巡行状況、また熱中症等のトラブル対応も行い、参加者全員が無事に巡行を終えられるよう、サポートいたします。リーダーの段取りや参加者の意識、また八坂の大神様のご加護もあり、無事にご奉仕を終え、リーダーが巡行状況や解散を本部へ報告して終了となります。

八月にはリーダーが集まって反省会を行い、反省点や改善点を纏め、これからの活動への改善を行います。

大まかな一年の流れは以上ですが、活動に対して特に気を遣う点は、まず参加者が安全・安心に参加出来るように配慮することで、どんなに素晴らしいお祭りでも事故・怪我があっては何にもなりません。参加者に対してはもちろんのこと、山鉾ご町内の方々や観客の方々に対しても対応できるよう京都市消防局のご協力で普通救命講習を受講することや、京都府警察が主催されている「安全・安心会議」にも祇園祭山鉾連合会の皆様と同席させていただき、他団体との連携も取りながら積極的に取り組み、無事にお祭りを終えられるよう、微力ではございますがご協力させていただいております。

そしてもう一点ですが、先ほどにも触れました

図2 曳き手ボランティアオリエンテーション 個別説明の様子（令和元年6月 東山開晴館 六原学舎）

ように、単なるイベントではない「神事へのご奉仕」ということで厳粛なお祭りに携わることが大変重要になりますので、参加者全員に理解して頂く必要があることです。

最後に「青少年健全育成と社会参加」についてですが、数年前より堀川高校の生徒さんにも一員として参加していただき、次世代のお祭りの担い手・後継者育成や約束や決まりを守る、発言や自分の行動に対し責任を持つなど、今後社会で活躍される人材になっていただくための少しでもお役に立てればと考えております。また参加者全員に対しても、お祭りとは色々な世代や職業の方々が集まり、一つの事に向かって同じ喜びを味わえるもので、その一体感はお祭りならではだと思っていただけるようにと考えております。

不幸にも近年続いている風水災害や地震は地域の人々の力がまとまらないと対応できないことも多く、疎遠になりつつあった自治会や町内会等の地域団体も大きく見直されてきています。

お祭りを通して地域との仲間意識や一体感、そして達成した時のすばらしさを実感・経験していただき、地域そして社会のリーダーとして活躍できる人材育成にも繋がっていければと思っております。

結びとなりますが、これからも皆様からのご期待を裏切らず「ご奉仕させていただいている」という謙虚な気持ちも忘れず、またお祭りへ参加することにとどまらず、発足の目的でもある「青少年健全育成と社会参加」という高い志も合わせて活動していきたいと思っておりますので、引き続きどうぞよろしくお願いいたします。

（京都・祇園祭ボランティア21会長）

3章

動く美術館「山鉾」の装飾品の修理と継承

——様々な修理事業の現場から

祇園祭山鉾風流と絨毯

吉田孝次郎
（公益財団法人祇園祭山鉾連合会 顧問）

猛獣の毛皮で飾られた山鉾

二〇一九年は祇園御霊会《ごりょうえ》が創設されて一一五〇年目の節目であり、貞観十一年（八六九）に行われたといわれている祇園御霊会というものが、山鉾行事を含む現在の祇園祭の創始だったのです。

私は長い間、祇園御霊会というお祭りは、平安京に住んでいる人たちの安穏を祈ってのものだと思い込んでおりました。それが平成二十三年（二〇一一）に東日本大震災が発生し、大津波で甚大な被害が出たことを機会に、私は御霊会創設の意味を再確認する作業を行いました。その結果わかったことは、『日本三代実録』（九〇一年成立）という歴史書の貞観十一年五月二十四日の条の中に、陸奥《むつ》国で大地震があって、それはもう大変な惨状であるという記載がありました。瑞穂の国といわれている日本にあって稲の束が一つも残らずというような非常に端的な表現で、その惨状を記してありました。それを見て、祇園御霊会というのは平安京に住んでいる人たちの安穏を祈ってのみのお祭りではなく、全国に住んでいる人たちの安穏を祈っての御霊会であったということを認識したのであります。以来一〇年ほどの時間が経過しておりますが、毎年の祇園祭で山鉾行事を遂行するにあたって、全国の人たちの安穏を祈りながら、祭事に参加するように心がけております。

図1「月次祭礼図模本」に見る鉾の屋根部分 東京国立博物館蔵 Image:TNM Image Archives

さて今日のテーマである「山鉾風流《ふりゅう》」についてですが、祇園御霊会の中に山鉾風流が登場するのは、十四世紀の終わりの頃、つまり室町時代のごく最初期と考えられ、その頃の祭りの様子を描いた「月次祭礼図」という屏風の模本があります。

土佐光信という画家が描いたものと伝承されていますが、その六月の場面に鉾と思われる絵姿と、船鉾と思われる絵姿が描かれていて、その鉾の一番天井に近い屋根の上の網隠しという部分があるのですが、そこには何とトラやヒョウの毛皮が一〇枚近くぶら下げてあるのです。また船鉾の舳先にもヒョウの毛皮とトラの毛皮がぶら下げてあります。今日「動く美術館」といわれている祇園祭の山鉾風流の元の姿に、そのような猛獣の毛皮が使われていたという事実です。

楽しいことにその頃は、トラは雄でヒョウは雌だと人々は解釈していたようです。トラとヒョウというのは全く別種の猛獣でありながら、かつては雄雌の関係で捉えていたわけですが、当時の京都の人たちはその猛獣の毛皮をどういう思いで見ていたのでしょうか。見たこともないトラやヒョウの毛皮が、山鉾風流の装飾に使われているということで、多分びっくりしたことと思います。あるいは、これは天のどこかにいる神様の目をも驚かせてやろうという趣向であったのではないかと思います。

山鉾の懸装品に絨毯が採用

そういった山鉾の趣向の続きの中に、中東やインドで作られた絨毯が採用されることになります。その絨毯の図柄に「玉取《たまとり》獅子《じし》」であったり、虎に梅をあしらったものがあったりします。

この玉取獅子という図柄ですが、獅子舞の様子を思い出して頂くとよいかと思います。獅子舞は、日本全国に等しく普及した芸能ですが、二頭の獅子が戯れている間に毛玉ができ、その毛玉の中からかわいい子獅子が誕生するという美しい情景を表しています。毛玉の中から子どもが誕生するという実に美しい夢のある表現だと思いますが、その情景を表現した絨毯をまず初めに採用しています。そ

図2 長刀鉾の胴懸(玉取獅子文様の絨毯)

の絨毯の周りには「クーフィー」というアラビア文字の一時期の書体で、アラーの名が絨毯を取り囲んでいます。

私は、絨毯の不思議な文様がアラビアのクーフィーという書体でアラーの名と言葉を表現していることなど全く知らぬままに育ったのですが、二〇年ほど前でしょうか、アメリカからメトロポリタンミュージアムの染織品保存部長をしておられた梶谷宣子さんと、ワシントンテキスタイルミュージアムのチャールス・エリィスさん、そしてクリーブランド大学でイスラム文化を研究しているダニエル・ウォーカーさんの三名の学者さんが祇園祭の区域にある絨毯を調査したいというお申し出があり、染色家の吉岡幸雄さんのご案内で、三名の方々と親しく接することができました。

そしてくまなく学術的に調査をなさった結果、長刀《なぎなた》鉾や函谷《かんこ》鉾で使われている絨毯の中にも、アラビア文字を使っているものがあることがわかりました。では、それらの絨毯がどこで作られたかということですが、東アジアの民の中でイスラム文化に一番最初に触れた民族はどれだっただろうと思いを廻らしますと、私はチンギス・ハーンに代表されるモンゴル帝国の存在を思い浮かべました。彼らは、最盛期にはヨーロッパまで攻め上り、その間にイスラム文化に触れる機会があったかと思います。東アジアの民の中でイスラム文化に最初に出会ったのはモンゴルの人たちであり、そうなれば玉取獅子や虎に梅の文様の絨毯のおよその産地が特定できるのではないかと考えました。いまだにそれらの絨毯がモンゴルを含む中国近辺で作られた絨毯だとしか、今ここで申し上げられないのですが、まだまだ未解明の分野をたくさん持っている絨毯だということがおわかりいただけるでしょう。

東インド会社の仲介で京都にもたらされた絨毯

それから後、一六〇二年にオランダの東インド会社という組織がインドネシア、ジャワ島のバタヴィア（現・ジャカルタ）に設立され、東西の文物をくまなく交易しましたが、このオランダ東インド会社の仲介で、中東を含む地域から絨毯というものが日本に届くようになります。これらをいち早くピックアップしたのが、われわれのずっと遠い先祖である京都の町中の人たちでした。

今日、山鉾の装飾品を考案する場合、その山鉾のご神体に絡む図柄を採用しようとするのが常になっていますが、古い時代の山鉾風流を創出した人たちやそれに続いた町衆たちが、祭りそのものの神や各町内の趣向を凝らした神々と縁やゆかりの全くない絨毯というものを取り上げたことは、画期的な出来事であったと思います。

図3 油天神山の懸装品（カザフスタン製の絨毯）

ただし、この絨毯を採用したのは車輪のついた鉾か曳山に限られます。人の肩で舁く「舁山《かきやま》」には、ほとんどといって良いほど採用されていません。唯一、油天神山に中央アジアのカザフスタンの絨毯が採用されていますが、なぜ舁山に絨毯を採用しなかったかと考えますと、絨毯はかなり重量があるものだからです、この絨毯は金襴や緞子《どんす》や綾錦といったようなものとは違って非常に重量があり、舁山には不向きだったのです。したがって車輪のある鉾や曳山に用いられたのです。

曳山とは、私が属する北観音山や、隣の町内の南観音山、そして前祭《さきまつり》の岩戸山の三基を指しますが、織田信長が上杉謙信に送ったと伝えられている国宝「上杉本洛中洛外図屏風」（室町時代、一六世紀、米沢市上杉博物館蔵）を見ますと、すでに曳山に毛皮とともに絨毯が掛けられているような表現が出ております。また東京のサントリー美術館所蔵の「祇園祭礼図屏風」（江戸時代、十七世紀）を見ますと、屋根の上の「網隠し」の部分に猛獣の毛皮をぶら下げている姿があり、船鉾の舳先にトラやヒョウの毛皮を懸装している表現が見え、しかもそれを見ている群衆たちが船鉾の舳先を指さして、向こうに毛皮があるという驚きの表情を克明に描いています。サントリー美術館の「祇園祭礼図屏風」が描かれた頃になりますと、装飾の主体は絨毯類や金襴や綾錦といった染織品に主役は移行し、獣物の毛皮というのはごくわずかな小さな存在になっているということがわかります。現在の山鉾懸装品の姿に近づいているということでしょう。

図4「上杉本洛中洛外図屏風」にみる祇園祭の鉾の懸装品（16世紀）米沢市上杉博物館蔵

時代や意匠に変化をつける山鉾の装飾

187ページの図版は、四条烏丸と室町通の間の北側に立つ函谷《かんこ》鉾の胴懸の部分ですが、一番左に玉取獅子の文様、そして右側に虎と梅の文様の絨毯になっています。これら二つの絨毯は、十六世紀の終わりか十七世紀の初め頃、ごく初期に採用した絨毯を代表するものです。真ん中にありますのは、インドで作られた絨毯で、先述した東インド会社が日本に持ち込んだものの一つで、安永二年（一七七三）に函谷鉾が入手したということがわかっています。

山鉾風流の懸装の趣向というのは、作られた場所や制作された時期を統一するものではなく、違ったところで作られたものや違った時代に作られたものを組み合わせて、子どもの頃に着せ替え人形を楽しんだような感覚で楽しみます。近年はだんだんとこの趣向は固定化されつつあって、面白味がなくなってきたと思いますが、だいたい、どの町内も毎年の神事を担当する責任者（神事係）が決まりまして、その年の責任者が今年の風流の趣向を決める責任といいましょうか、権利を持っており、その人の意向で組み合わせを変えたりするのも、山鉾風流の特徴の一つであります。

図5 函谷鉾の胴懸（撮影:井上成哉）

函谷鉾の場合、モンゴルを含む中国近辺の絨毯とインド絨毯を取り合わせ、さらには一番上には鶏がたくさん織られている水引があります。これは昭和十二年（一九三七）に、芸術院会員であった山鹿清華《やまがせいか》（一八八五〜一九八一）が考案をした特殊な糸を使いながらのつづれ織りの水引です。このように昭和時代のもの、十八世紀の中頃のもの、そして十六世紀の終わりから十七世紀初めのものという具合に、作られた時期、場所を違えたもので構成をしている山鉾風流懸装の典型例です。

皆さんが路上に出られて、四条通や室町通や新町通などで祇園祭の山鉾をご覧になることがありましょうが、その年々によって「あれ、去年見たあの観音山の飾りと今年は違う」と驚かれたり、がっかりされたりすることもあると思います。それは各山鉾の神事係が山鉾風流の懸装の趣向を仕切る習慣があったからです。今後も大いにこういうことは続いていってほしいものだと思いますが、ついつい「前年どおりにしておけば間違いがない」といいましょうか、問題が少ないということで、前年通りという具合に執り行うことが多いのですが、本来の山鉾風流の懸装の面白さとは、時々の着せ替え人形を着せ替えて楽しむことにあろうかと思います。

幻の絨毯「八つ星メダリオン」が三例も存在

189ページの図6は、江戸時代の宝暦年間（一七五一～六四）、北観音山が採用したインドで作られた絨毯です。非常に大胆なデザインで、遠目に見ても非常にはっきりするデザインですが、この手のものが商品として長崎に陸揚げされた時には「花毛氈」という言い方で陸揚げされ、それが京都に届いて、各町内は競い合うようにこのインド製の絨毯を購入します。まさにインド絨毯の購入ラッシュといっても良いような状態で、その様子が各町内に保有されている寄進帳に残っています。この懸装品の寄進帳には何年何月に何々を購入した。その費用を分担するために町中の人たちがお金を出し合っ

図6　北観音山の懸装品（斜格子草花文様インド絨毯、宝暦2年〈1752〉購入）

たというような記録が伴っています。山鉾の町内にそういう記録が存在するようになるのは、享保年間（一七一六～三六）頃からで、何年何月にどういうものを購入したという記録が伴うのも、この山鉾町に現存している染織品の特徴です。

190ページの図7も同じく北観音山の町内に現存し、今も現役の装飾品として使っている八つ星メダリオンのインド絨毯です。これも遠目に見てもこの八つ星メダリオンが非常にはっきりと見えます。これを北観音山が購入したのは寛政三年（一七九一）、いわゆる天明の大火（一七八八年）の後の復興事業で、これを求めたことが北観音山の記録に残っているのですが、二〇年ほど前に、冒頭に紹介した絨毯の研究家三人がお見えになって、詳しく山鉾町が持っている絨毯の調査をなさいました。その調査に着手するはじめに、この八つ星メダリオンの図柄の絨毯のページを開けて、ぜひこの文様の絨毯を見たくてやってきましたという発言がございました。子供の頃から慣れ親しんで眺めていたこの絨毯を、絨毯専門の研究家たちがまず最初に見たいと言われた時に、なぜだろうとちょっと唖然としま

図7　北観音山の懸装品（インド製八つ星メダリオンの絨毯）

したが、それには理由がありました。

　十七世紀頃のオランダの油絵の中には絨毯がしばしば描かれており、オランダの人たちにとっても絨毯というのは、非常に珍しいものであったようで、今のように絨毯を床に敷くのではなく、テーブルの上に仰々しくかけ、その周りにギルドの商人たちが襟を正しているような場面を描かれることが多いのですが、その中にこれと同じ八つ星メダリオンの絨毯が描かれています。しかしオランダ本国にはそういう絨毯が一点も残っていません。したがって、ヨーロッパでは幻の絨毯だといわれているものの一枚なのであります。そのようなものが私の町内の山の後懸に使われていたのですからびっくりしました。

　私たちは子どもの頃、祇園祭の時に親のかわりに夜通しの寝ずの番を受け持ったもので、こういう絨毯の上で寝転がっていたものです。そんなふうに親しくしていたものが世界中で幻の絨毯だといわれていたわけです。調査が進みますと、これと同じ八つ星メダリオンの絨毯が函谷鉾の町内にもあることがわかり、もう一枚は尾張徳川家の宝物を収めた徳川美術館に一枚あるということです。今日、世界で三枚、幻の絨毯といわれている八つ星メダリオンが認知されているわけです。

　余談となりますが、私はつい最近、この八つ星メダリオンの絨毯を京都市内で開催された骨董市で見つけることができました。それを含めますと八つ星メダリオンの絨毯も世界で四枚になり、こんな不思議な出来事が京都にはあるのだと実感しております。

「売立目録」からみた絨毯の持ち主とその使われ方

　こういった絨毯類は、山鉾の町内でのみ使われていたものだと、長いこと思い続けておりましたが、ある日、「平井東庵氏所蔵品入札目録」を見る機会がありました。橋弁慶山の町内におられた平井仁兵衛（東庵）という方の所蔵品の売り立てが、昭和十二年（一九三七）に行われているのですが、その売立目録の内容たるや大変な内容です。今年（二〇一九年）の秋に京都国立博物館で「流転一〇〇年佐竹本三十六歌仙絵と王朝の美」として、大正八年（一九一九）に財界人・古美術商らによって分割、購入された、鎌倉時代の絵巻物の名品「佐竹本三十六歌仙絵」の断簡・三十一点を展示する特別展が開催されましたが、何とその平井家の売立目録の一ページ目にこの三十六歌仙絵の一幅が登場します。平井仁兵衛は、そんなものまで身辺に持つほどの人物だったのです。

　この売立目録の最後のページにパキスタンのラホールで作られたと思われる絨毯より、もう少し上《じょう》

図8 「平井東菴氏所蔵品入札目録」(昭和12年)に見る赤地萬暦氈(絨毯)

手《て》の絨毯が掲載されていました。売立目録というものは面白いもので、こういう道具類はみんな動産であり、各家の隆盛というものはいつまでも続くものではないため、何十年かすれば財産を一切売って処分をし、負債を清算しなければならないようなことがしばしばあったようです。この平井家の売立目録を見てから、私は様々な売立目録を入手することに一生懸命になりましたが、継続して見ていきますとデザインは違いますが、インドで作られたと思われる絨毯が六〇～七〇点あることがわかりました。ということは、こうしたインド製の絨毯は、山鉾町の人たちだけが山鉾の懸装品にピックアップしたのだけではなく、名家の室内道具として好まれていたということがわかってきたのです。

佐竹本三十六歌仙絵の一幅を手に入れ、しかもラホールの絨毯をも使っていた平井家に代表されるような京都の中心部のみならず、西陣や滋賀県に至る名家の売立目録には、しばしばこの絨毯が登場します。それはどういう使い方をされていたのだろうかと考えますと、恐らくおめでたい時、特に正月の客迎えの玄関に敷いたりしていたのではないかと思います。あるいはお茶会や煎茶の会を楽しむ時の待合《まちあい》に敷かれたのだろうと思われます。インドの絨毯が敷かれているところに案内された客は、待合でこの絨毯の上に座りながら、その日の茶の湯の趣向に思いを巡らしたりしたのでしょうか。

特に大正時代に出版された名家の売立目録には、絨毯がたくさん売り出されています。それらの中には第二次世界大戦で失われたものもたくさんあることでしょう。それでも、先述のように八つ星メダリオンの美しい絨毯を、今日でも京都では買えたりすることがありますからわかりません。十五年前に雪降る中の終い天神で、やはり私は古いインド絨毯を見つけることができました。「萬暦織」と書いた大きな箱に入っていて、それを雪積もる道を自転車の前の荷台に置いて持ち帰ったものです。そんな幸運が起こり得るのは京都だけだろうと思います。

倹約して、一〇〇年単位の担保力を持つ品にお金を使った先人

このような絨毯を持っていた人たちが、どういう生活信条で日々暮していたのかと考えますと、十八世紀の初め頃、江戸時代の中期に京都府亀岡市で誕生した心学者・石田梅岩《ばいがん》の言葉が思い出されます。梅岩が京都へ呉服物の修業にやってきて、商売を見習いながら、商いに励むわけですが、梅岩先生いわく、京都人、商売人の生活の基本は質素・倹約で、商売人が独り勝ちするような商売は下手な商売

であり、お互いの立場が立つように少しずつ我慢することによって、売る人も喜び、買う人も喜ぶという、いずれもが立つような商いをするのが商人の常道なのだと言っています。商人の家は、板に彫られた「堪忍」という二文字の額をかけながら商いをしていたものです。ぜいたくをするということを戒めながら、商売人とはお金は使えばなくなるということを本当に心底知っている人たちで、消えてなくなるようなものにお金を使うのは馬鹿の骨頂だということで、一〇〇年単位の担保力を持つ品物にどっとお金を使おうではないかと考えていたようです。

「一〇〇年単位の担保力を持つもの」とは一〇〇年使っている間に衰えるのではなく、古びて新しい美しさを加えていくものです。特に京都の気だるい夏を涼しく過ごすための道具の一つに籐という植物で編んだ網代《あじろ》という敷物がありますが、この網代は時間が経てば経つほど、空拭きをし続ければし続けるほど、美しく仕上がっていくものです。

このように、京都の商人たちはつましい生活をしながら、自分の家の商売や生活を成り立たせ、さらには自分の町内にある山鉾風流に磨きをかけていったのだと思います。

祇園祭山鉾の懸装品の新調

——鶏鉾の水引と鷹山の再興

吉田雅子
（京都市立芸術大学美術学部教授）

❖鶏鉾の水引の新調

検討会を重ねた末に生まれる新調の懸装品

本日お話しさせていただきたいテーマは二つ、第一は鶏鉾《にわとりぼこ》の水引のこと、第二は鷹山の復興についてです。

まず鶏鉾の水引について、その復元、新調していくプロセスを紹介致します。水引とは山鉾を飾る懸装品のひとつですが、これはいったいどのように作られているかと皆さまは思われるでしょう。また、こういう懸装品はごく一部の人によって作られていくのではないかと思われるかも知れませんが、実は、多くの人の知恵を結集し、さまざまなプロセスを経て作られていきます。

そのプロセスは大きく二つに分けることができます。一つは検討会です。例えば鶏鉾に関しては、鶏鉾のご町内の皆さま、祇園祭山鉾連合会の方々、そして具体的に制作に関係する方々として今回は龍村美術織物の皆さまが参加しています。また文化財の専門家として京都府・京都市の文化財担当者が参加しますし、さらには絵画の専門家、染織の専門家など様々なメンバーで検討会が行われます。

そして検討会でさまざまな検討がなされた後に、検討事項が祇園祭山鉾装飾品等審議会（以下、審議会と略す）にかけられますが、これが第二のプロセスです。審議会では祇園祭山鉾連合会と行政の文化財担当者の他、さらに多くの分野の専門家が加わります。例えば民俗学、染織・金工などの工芸関係者、そして絵画・彫刻・建築といった分野からの人々が、懸装品についてさまざまな検討を行います。

「復元新調」か、「新調」か？

では、懸装品をどのようにして復元、新調していくのかということですが、このプロセスも二つの種類に分けることができます。一つは「復元新調」と呼ばれるものです。これは既に長らく使用されてきた作品があり、それを復元するようなかたちで新たに作っていくことです。その場合には、例え

図1　鶏鉾（a：二番水引、b：三番水引）

ば図様や技法については既にオリジナルがありますので、それに従って復元していきます。

それに対して「新調」と呼ばれるものがあります。これは復元の対象となる作例がない場合、あるいはあるけれども、それをそのまま復元して新調するのではない場合です。この場合、図様や技法などを一から考えながら制作していきます。「復元新調」か「新調」か？　これはケース・バイ・ケースで、どちらを取るかというのはそのプロジェクトごとに決まっていきます。

鶏鉾のご町内では懸装品をはじめ素晴らしい作品をたくさんお持ちで、それが絢爛豪華に懸けられます。図1のaは二番水引で、bが三番水引です。この二点は現存していますがかなり傷んでいますので、これを新調するべくプロジェクトが進んでいます。

先人たちの風流を考慮して意匠を考える

この鶏鉾の二番水引ですが、前述のようにオリジナルの作品が現存しています。文政八年（一八二五）

図2 鶏鉾の二番水引 新調の当初案

図3 鶏鉾の二番水引 新調の修正案

に作られたもので、四条派の画家・松村景文《けいぶん》（一七七九〜一八四三）が下絵を描いています。いろいろな話し合いが持たれた結果、「復元新調」ではなく「新調」――図様を新たに考えるかたちでプロジェクトを進める方針が決まりました。

そして検討会で出てきた当初の案（図2）ですが、「鶏鉾」ですので、まず円山四条派によるニワトリの絵を入れたものに、という話になりました。そして、鶏鉾の角飾り金具が八珍果という八つの珍しい果物になっているので、それをニワトリの絵の間に入れていきましょうという話で、最初は進んでいきました。

しかしその後にいろいろな意見が出まして、「鶏鉾にニワトリ」というのはいかがなものか、ということになりました。江戸時代の山鉾に関わっていた先人は、風流を解する人々でした。そもそも「風流」とは非常に古い言葉で、平安時代は貴族の美意識を表すものでしたが、中世には次第に「人目を引く趣向」といった意味に変わってゆきました。「鶏鉾だからニワトリ」といった短絡的な表現はあまりにもストレートすぎ、江戸時代の先人の風流の意識と

図4　鶏鉾の三番水引　オリジナル作品

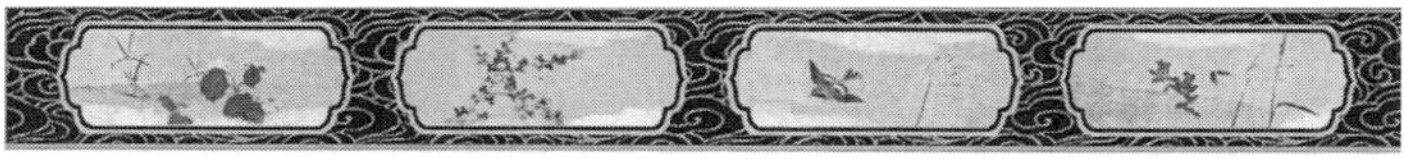

図5　鶏鉾の三番水引　新調案

ずれており、問題があるのではないかという話になりました。そして、修正案（図3）が出されました。

その修正案は、茶道具や表具に登場する名物裂《めいぶつぎれ》「大鶏頭金襴《おおけいとうきんらん》」を用いるというものです。この金襴はケイトウ（鶏頭）という植物の花が意匠となっており、ニワトリのとさかに雰囲気が似ているところから名づけられています。この裂の意匠を用いることでニワトリを暗示させようということです。ストレートにそのままニワトリを使うのではなく、それを暗示させるような、しかも極めて格調の高いものを持ってきて、さらに八坂神社の御神紋を金襴の意匠の間に配するという案はいかがか、ということになったのです。そしてこのような案で制作が進んでおります。

三番水引は先述のように、文政八年制作のオリジナル（図4）が現存しますが、これもやはり復元新調ではなく新調とし、デザインを新たに考えていくという方針が決まりました。では具体的にどのように仕事を進めていくか検討したところ、二番水引は松村景文が下絵を描いているので、この三番水引も景文の絵から下絵を起こそうということになりました。

大方の構成はオリジナルのものに従い、背景があって窓枠があるという図様を採用し、窓枠の中身の絵は、景文が描いた花鳥図を部分ごとに用いて構成しようということになったのです。そして様々な検討を経た結果、「四季花鳥図屏風」（泉屋博古館所蔵）が選ばれました。これは芍薬《しゃくやく》や藤など四季折々の草花が描かれた屏風で、水引の東西南北の四面にそれぞれ四つの季節の草花を配置する計画が立てられました。

松村景文は、かつて堺町四条に住んでいた四条派の中心的な画家です。四条派の始祖である呉春《ごしゅん》（松村月渓）に画法を学んで、軽快なタッチの花鳥画に優れた作品を残しています。図様を考えてゆく中で、窓枠の地の部分をどうしようかという話になりました。鶏鉾にはさまざまな美しい金具がついていますが、それをよく見ますと雲の文様になっています。そこで、この金具の雲紋を地の部分に使おうということで話が進んでおります。

図6 鶏鉾の懸装品の新調検討会

下の写真が実際の検討会の様子です。京都市・京都府の方々、そして鶏鉾の皆さまと山鉾連合会の方々とともに、絵画がご専門の小嵜《おざき》善通先生、そして染織の専門ということで私も関わらせていただいています。

　さらに織物業者である龍村美術織物の皆さまなど複数の参加者がおり、このような雰囲気の中で検討会が進んでいきます。そして実際に下絵を描いて、どのような意匠とするか検討をします。

微妙な大きさ、バランスを調整しながら「景文らしさ」を表現

図7 鶏鉾の三番水引 下絵の改良その1(1回目)

図8 鶏鉾の三番水引 下絵の改良その1(2回目)

　どのような検討をして意匠を決めてゆくか、その例として一回目の下絵（図7）と、二回目の改良された下絵（図8）を並べてみました。
　図8の土坡《どは》のラインが図7に比べて、少し下がっていることがわかります。図7の一回目のものは少し空間が狭く窮屈な感じがするという指摘がありました。松村景文は空間を生き生きと描き出す画家であり、景文が持っている「景文らしさ」は図7では生きてこないのです。そのために、少しこの空間を広くして水平線を下げてほしいという指示が出ました。

また、土坡の色について、やや茶色がかった案とグレーがかった案がでました。この場合、グレーがかった一回目の方だと土坡と雲がなじんでしまって、どこからどこまでが雲なのか、土坡なのかわかりませんが、茶色がかった二回目の方だと土と雲の区別がより明確にわかります。このようにしてさまざまなところに指示を加えていくわけです。

鳥を例にあげると、次ページの図9は一回目の作例で、図10・11は二回目に出てきた作例です。二つを比較して何が違うかといいますと、例えば一回目の図9のジョウビタキは大きめですが、図10ではやや小さくなっています。他のモチーフのバランスなどを見ていくと、図9ではやや大きすぎるので、小さくしたほうが良いという指摘があったからです。また図9は左側の空間が空きすぎていておかしな感じがしますので、ここには花鳥図の中に描かれているススキを入れてほしいという指摘がありました。

さらにこのススキの葉の入れ方については、龍村美術織物さんが二種類の提案を用意してくれました。図10と図11の二案で、どちらを選択するかということですが、小嵜先生より以下の旨の発言がありました。

バランスとしては、図11のほうが密度が高くて良いかもしれない。しかし景文は空間性を生かす画家だから、景文らしさを出すためには、やはり余白を生かした図10の案が良いとの発言がありました。

図9 鶏鉾の三番水引 下絵の改良その2(1回目)

図10 鶏鉾の三番水引 下絵の改良その2(2回目)

図11 鶏鉾の三番水引 下絵の改良その2(3回目)

また、図中の鳥の大きさについても、意見が交わされました。例えば絵画的に見ると鳥は小さいほうが空間が生きて良いのですが、染織品の水引として見る場合、遠くから見るものですから、あまり小さいと見えにくいものです。そうなると、どちらの良さを採るかということで議論になりました。結果、やはり遠くから見るものなので、ある程度の大きさは必要だろうということになりました。そこで原寸から一〇五パーセントに拡大してみました。すると、ほとんど変化がない感じでした。次いで一一〇パーセントに拡大してみました。すると、少しだけ大きくなったという感じでした。さらに一一五パーセントに拡大したら大きすぎました。そのような感じで検討した結果、一一〇パーセントの拡大に決定しました。

ただ、この一一〇パーセントの寸法と原寸とがどのぐらい違うかといいますと、たった二ミリだけなのです。こういうミリ単位の調整を行っていくのが検討会なのです。

絵画と織物で異なる絵の見え方

ここで絵画と織物の見え方の違いについて考えてみたいと思います。右の図12は松村景文の絵で、陰影やぼかしを多用して立体的・空間的に表現されています。ですが、絵画におけるこのような陰影やぼかしをそのまま織物にすることはできないのです。ですから、まず最初に下絵を描きます。描くにあたりこの絵の中にある要素をくみ取りながら、やや平べったく描いていくのが織物のための下絵です。

しかし実際の織物はまた下絵とも違います。織物とは経糸《たていと》と緯糸《よこいと》のコンビネーションで、織ることでこれを表現しますので、織物としてどのように表現するかということが重要なポイントです。

図13の1の図版は龍村美術織物さんが用意された織物用の下絵ですがやや平面的に、色面を意識しながら描かれています。図13の2の実際の織物では、茎の部

図12 四季花鳥図屏風（部分） 松村景文筆
泉屋博古館蔵

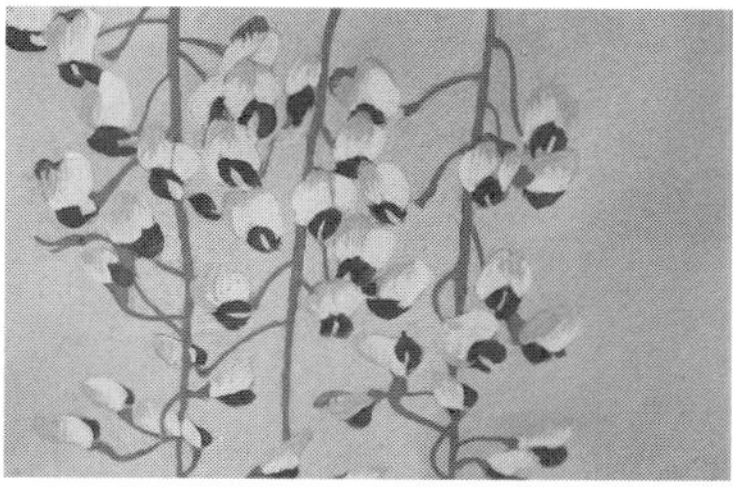

図13-1 織物用の下絵（図12）

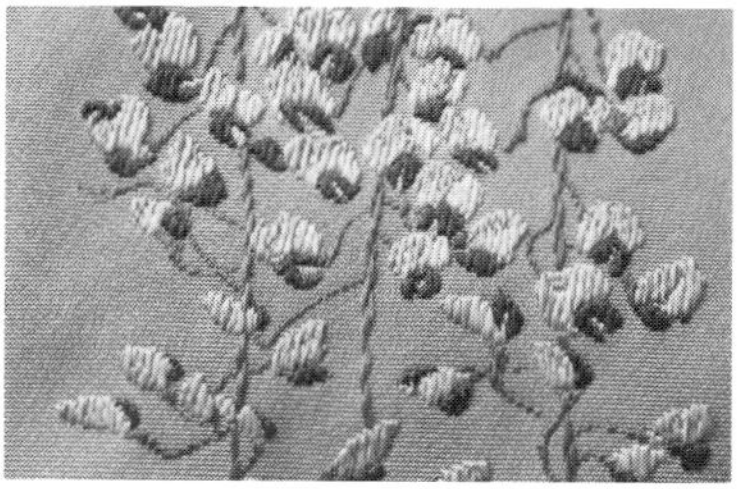

図13-2 下絵をもとに仕上がった織物

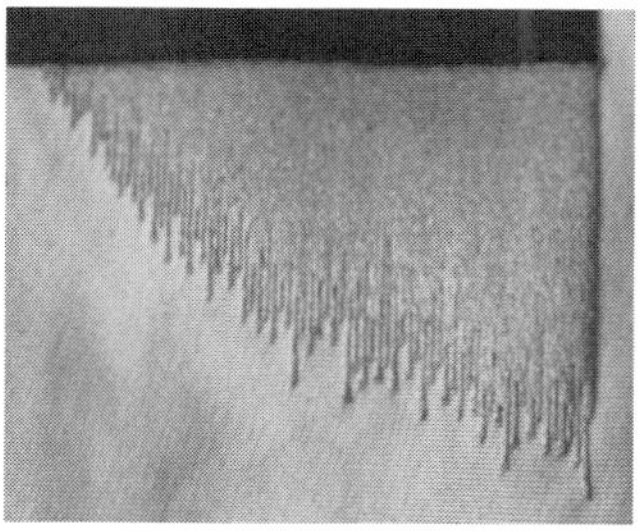

図14 織物によるぼかしの表現（改良前）

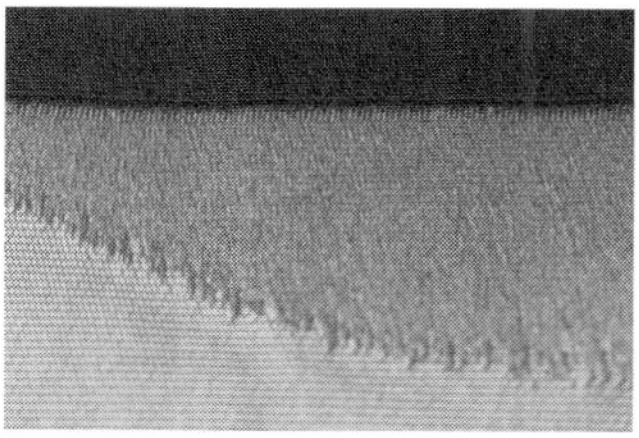

図15 織物によるぼかしの表現（改良後）

分が少しうねっているような感じになっているのがわかるかと思います。このように染織品は、糸の流れを生かしながら絵画とはまた違う立体的表現ができます。どのようにして染織の素晴らしさを絵画から引き出して、染織ならではの表現に展開していくかが重要なのです。

大変苦しんだのは雲の部分です。絵画の場合だと、金粉を用いてぼかして雲を表現することができます。しかし織物の場合はそのようにはいきません。そこで何度も繰り返しこの雲のかたちについてさまざまに議論しました。それで龍村美術織物さんがいろいろなかたちの雲を考案してくださいました。

図14の図版は最初に作って頂いたものですが、あまりうまくぼかしの表現ができませんでした。

そこで輪郭の部分の織り足を短くしようという提案があり、図15のようになりました。

西陣に伝わる全技術を駆使して織り上げる

図16はこうしてあがってきたサンプルです。これは龍村美術織物の初代・龍村平蔵氏が昭和初期に織り出した平地の絵緯錦《えぬきにしき》の一種です。この地のところを拡大すると、図17の図版のようになっています。表に見えている糸はすべて緯糸で、経糸は隠れて見えません。しかし経糸は建築でいうと基本構造のようなもので重要です。この部分をさらに拡大すると、図18の図版のようになります。実は経糸には二つの要素があり、白とグレーの経糸に分けられて、それぞれにはたらきが異なっています。白い経糸は緯糸の下に潜って表からは見えませんが、ずっと織物を貫いており、織物の基本構造を作っています。グレーの経糸も潜って見えませんが、こういう所に少し見えるように、文様を織り出す緯糸を部分的につなぎ止める役割を果たしているのです。

図16 鶏鉾の三番水引 新調のサンプル

このように二つの違う機能を持っている経糸が組み合わされているというのが、この織物の一つの特徴です。

図19は金糸《きんし》ですが、これは紙に漆を塗り、それに金箔をおいて細く切って、それを芯の絹糸に巻くという東アジアで広く用いられた方法で作られています。江戸時代によく作られるものですが、その金糸をグレーの経糸で留めています。このようにさまざまな糸が組み合わされてできているのがこの織物の組織の特徴です。

織り方の特徴としては、裏側から織ります。織っているその様子を見ますと、細い「杼《ひ》」という道

図17 絵緯錦の地の拡大写真（その1）

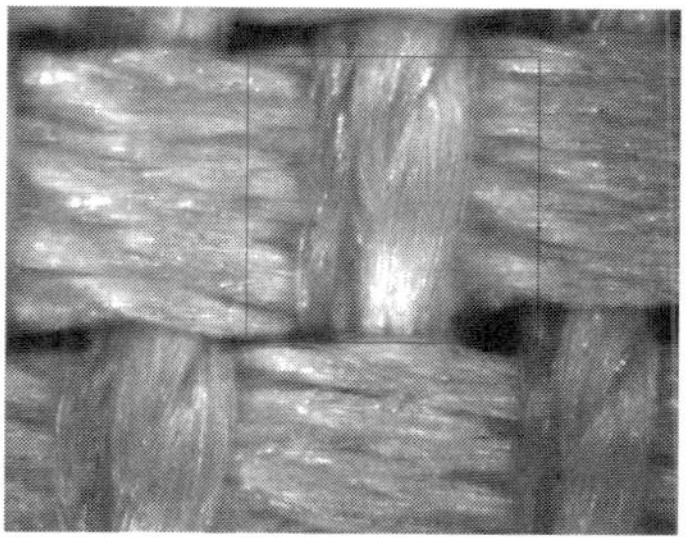

図18 絵緯錦の地の拡大写真（その2）

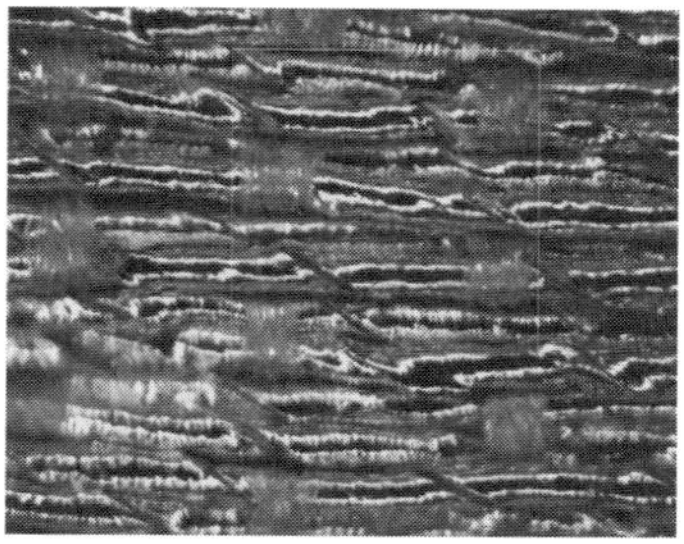

図19 金糸の部分拡大

具（図20）で緯糸を織り込んでいます。

　図21は「ジャガード」という機械で、明治時代にフランスから導入した機械です。他の国ではもうこういうオペレーションはあまり残されていないか、消えゆく技術ですが、西陣ではまだ残っています。かつて中国ではジャガードの機械の上のほうに人間が乗って引いていました。日本でも江戸時代には人が乗って上から引いていたのです。ヨーロッパでは、横側で人間が引いていたのですがだんだん機械化され、そのような機械が日本に入ってきています。

　ジャガードの連結部分は上下に動きますが、ここがコンピューターのボックス（図22）とつながっていて、経糸の上下運動の全部の

図20 緯糸を織り込む杼

図21 機の上部のジャガード

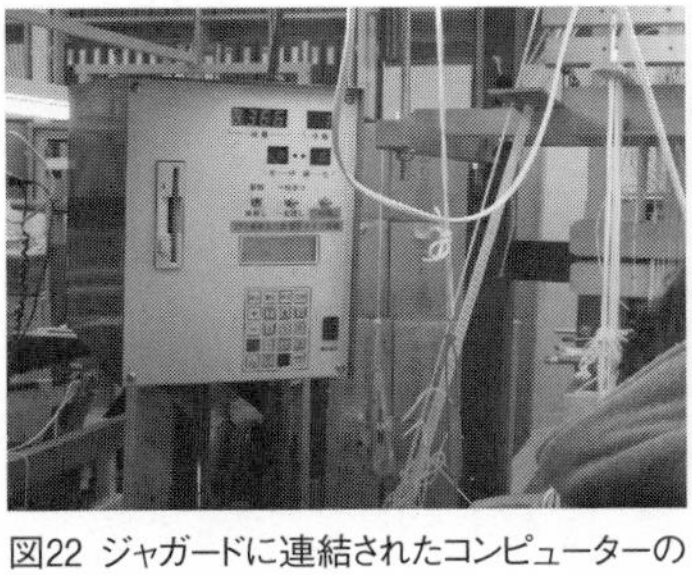
図22 ジャガードに連結されたコンピューターのボックス

図23 ジャガードに連結された棒刀

情報がインプットされて動いています。近代の初期までは、機《はた》に踏木（ペダル）がついていて、それを足で踏んで動かしていましたが、この装置はさらに進歩しているので足では踏まないで電動で動かしています。足のことを考えなくて良いので、職人さんは手の操作に集中することができます。

経糸を上下させるため、「棒刀」という装置（図23）もついていますが、これも技術史の変遷からいうと、中間的な技術といえます。

このようにしてさまざまな装置を使いながら織っていきますが、綜絖《そうこう》（経糸を上下させる道具）などの連結を組んでいく特別な職人もいます。龍村美術織物さんにはそれを統括する職人もいて、西陣の職人たちともいろいろな連携を取りその技術をこの中にすべて使いながら、機の構造自体から作っていくという大変な、素晴らしい仕事をされています。

この機は技術史的に大変に重要なものです。私は中国やヨーロッパに行き、さまざまな機を調査していますが、中国では古い明・清代の技術は残っていても、近代のものは抜け落ちています。こういう技術は変換期のものなので、新しいものに変わってしまい残っていないのです。フランスも同様のことがいえます。京都の西陣には現在も、このように世界的に貴重な技術が残されており、研究者の視点でみると驚愕するほど素晴らしいことなのです。西陣の中に残るあらゆる装置の知識、近世の末から近代にかけての歴史的な技術も全部組み合わせ、できるかぎりのことをして新調の懸装品を作っているのです。

織っている職人方も非常に能力が高いです。織り方が上手ではないと織物が織り上がった時に、傷が入るなどいろいろな問題が起こりますが、そういったことが全く起こらないようなベテラン中のベテランの方を特に選んでいます。

祇園祭の懸装品制作の背後には西陣に蓄積された技術の歴史があります。西陣に残っている技術は世界的に希有なものです。ただその職人の技術は使われずに五年、十年と経つと、職人自身もその技術を忘れてゆきます。そうなると、もうその技術は残らないのです。懸装品の新調事業がどうして重要なのかといいますと、希有な技術を常に使う機会を与えながら、その技術を伝承していくというところにあります。人間の中に蓄積されてきた英知、その英知を失わないように継承していくことが極めて重要なのです。

こうしてこれまでに既に二面が完成し、あと二年かけて残りの二面を制作していきますが、こうしたプロジェクトによって技術を残すように努めているのです。

❖鷹山の復興

「人と技の復興」と「ものの復興」

現在、江戸時代に休み山となった鷹山を復興させようというプロジェクトが進んでいます。この復興は大きく二つに分けられます。一つは「人と技の復興」で、無形の文化財の復興です。もう一つは「ものの復興」で、有形の文化財です。今日は「ものの復興」すなわち有形の文化財について話を致します。ものの復興は大きく分けて木部（山の骨組み）、御神体のお人形、懸装品となります。これらについては令和四年（二〇二二）の巡行復帰までにあつらえようということでプロジェクトが進んでいます。金工品については、それらができた後に装着するものですから、巡行復帰以降に揃えるということになります。

復興の基本計画ですが、すでに平成三十年（二〇一八）に完成しています。基本計画では失われてしまった文化～文政年間（一八〇四～三〇）の姿に返そうという方針が打ち立てられました。その後、新調品についての検討が進められ、祇園祭山鉾連合会の審議会での審議を経て、実際の制作に移っていくというのが大きな流れです。木部に関してはすでに検討があらかた終わっていて、屋根などの設計をしている最中です。御神体のお人形に関しては、吉田孝次郎氏が鷹山の御神体のお人形に関する詳しい記録図（図24『鷹山御神体人形図』）を発見され、往時の状況がわかるようになりました。

これらは実施計画によって、令和三年（二〇二一）から制作が進んでいく予定で、まず懸装品のうち、天水引、下水引、同二番水引、同三番水引に着手しようという話が出ています。前懸・胴懸・後懸については江戸時代の鷹山の意匠に近い形、つまり中東の絨毯の良品を入手して仕立てるという方法をとることになりました。特に見送りに関しては染色家の皆川月華《みなかわげっか》（一八九二〜一九八七）から寄贈されたものがあるので、これを使おうということで話が進んでおります。

図24『鷹山御神体人形図』の部分　鷹山保存会蔵

文書・絵画・染織品の三つの資料に基づいて新調

平成三十年（二〇一八）に完成したこの基本計画ですが、鷹山は文政九年（一八二六）の大風雨で破損してしまい、翌年から休み山になっております。懸装品はすべて損壊、あるいは焼失してしまったので、休み山になる前の文化・文政期の姿に復興しようということで計画は進んでおります。この懸装品がどんなものであったかを知る資料として、まず一次資料となるものは残された江戸時代の文書です。次いで山鉾が描かれた江戸時代の絵画、そして各山鉾町にのこる江戸時代の染織

図25　祇園祭礼図巻（長刀鉾の部分）　横山華山筆　天保6〜8年（1835〜37）

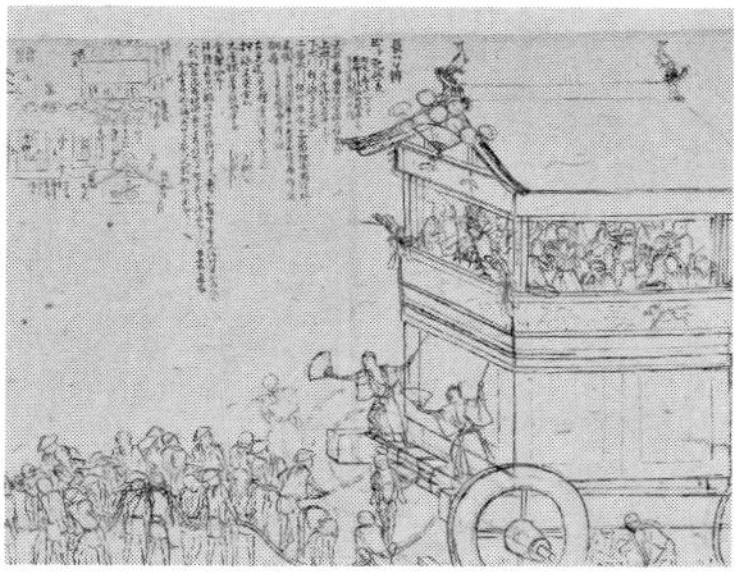

図26　祇園祭鉾調巻（長刀鉾の部分）　横山華山筆　京都市立芸術大学蔵

品があります。この三つが資料の大きな柱です。

それではどのような文書があるかといいますと、休み山になる直前の文政九年に近いものとして『祇園会山鉾装鈔』（以後『装鈔』と略称）という文書があります。休み山になる九年前の状況を示している文書です。それからもう一つは、『鷹匠人形他一式覚』（以後『一式覚』と略称）があります。これは休み山になった五年後の状況を示している文書です。そこで、休み山になる時点に一番近い『一式覚』のほうを基本資料に用いますが、『装鈔』のほうも随時参照していくことで考えていきます。

絵画の資料としては、昨年（令和元年）の夏に京都文化博物館におきまして、江戸時代の京都の画家・横山華山（一七八一／四～一八三七）の展示がありましたが、この華山が「祇園祭礼図巻」を残しています。天保六～八年（一八三五～三七）に描かれたものですが、実は鷹山も描かれています。鷹山が休み山になった約一〇年後に描かれた絵画ですが、休み山になる以前の状況を描いているもので、極めて貴重な絵画といえます。

この絵のうちおよそ半分には下絵が残っていて、いろいろと註記があります。一部には華山自身が描き起こしているスケッチもあります。このスケッチを見ますと、華山は実物を見て描いていると考えられますし、それが図巻の精密な描写に反映されていると思われます。この下絵は極めて重要です（ただし、鷹山が描かれた部分の下絵は残っていません）。

山鉾町に伝来している懸装品の作例にはさまざまなものがありますが、その中で特に鷹山が休み山になった十九世紀の前半以前の作品が重要で、その中でも特に先述した一次資料に記された文様や技法や地色などと合致するものが参照作例として重要です。

新調の実際――水引・後懸・胴懸

では実際にどのようにして、当時の鷹山の状況を考えていくのか、その例を挙げてみます。まず山鉾の一番上のところにある水引、図27のaの「天水引」の場合、『一式覚』には

図27 祇園祭礼図巻の鷹山の部分
a:天水引、b:下水引、c:二番水引、d:三番水引

猩々《しょうじょう》緋《ひ》という赤い色で、雲の文様と鳳凰の文様が刺繍を用いて表わされていると書かれています。しかしこれだけでは、一体どんなものなのか判然としません。その時に私たちにイメージを想起させてくれるのが、華山筆の「祇園祭礼図巻」です。これを見ますと猩々緋の赤い地色に、前方に鳳凰が一羽、側面にも鳳凰が一羽おります。そして、その周囲に雲が配されています。恐らく、このような雰囲気のものだったろうと想像することができます。

図28 船鉾の緋羅紗地雲鳳凰図刺繍天水引

ただし天水引の場合、実物は絵画ではなく刺繍であり、刺繍にはさまざまなテクニックがあります。一体、どの部分を「刺し縫い」にするのか、あるいは「駒取り縫い」にするのかという疑問が出てきますが、そういう場合に参照するのが、各山鉾がお持ちの時代の近い懸装品です。たとえば船鉾の天水引（図28）はやはり鳳凰の文様で、赤地に雲の文様が刺繍で表わされています。それを参照すると、この羽根の部分はこの技法、この尾羽の部分はこんな技法、この部分はこんなふうに肉を盛り上げているとわかるわけです。

こうして資料から全体の構成要素を取り出し、絵画資料や実物資料のデータを組み合わせたものが、かつての鷹山の水引であろうと想像がついてくるわけです。このようにして、今後もプロジェクトが進んでいくと思います。

図29 岩戸山の「緋羅紗地宝相華文様刺繍二番水引」

図27のbは下水引です。『一式覚』によると金地に麒麟の文様が表わされた錦という複合の織物です。『装鈔』では地織とされていますが、地織というのは日本製のことをいいます。そして雲と麒麟の文様があり金地だと、似たようなことが記されています。華山筆の「祇園祭礼図巻」の天水引の部分、金地のところを見ると茶色く見えますが、日本画で金を表す時にはこのように黄土色で塗ることがあったようです。やはり金地に麒麟と雲の文様で、このような文様だったことがわかります。また鶏鉾の御町内がお持ちの金地日輪瑞雲麒麟図刺繍天水引は、肉の盛り上がった大変ダイナミックな刺繍です。資料でわかるこのような事柄を組み合わせれば、かつての鷹山の姿が復元できると思います。

図27のcの二番水引は『装鈔』に、真っ赤な猩々緋の更紗《さらさ》に見られるような蔓入りの唐花《からはな》文様の刺繍とあります。更紗とは、インド更紗やヨーロッパ更紗など、媒染剤の効果を活用して多色に文様を染め分ける染め物のことで、更紗の意匠としてよく登場するタイプの唐花文様ということです。唐花は実際に存在する花ではなく、人工的にさまざまなモチーフを組み合わせてつくられた花のデザインで、蔓も付いています。しかしこれだけではどんな図柄がよくわかりません。華山筆の「祇園祭礼図巻」には、

大変見にくいものの、蔓唐花が表現されています。

各山鉾の懸装品を拝見すると、たとえば岩戸山の緋羅紗地宝相華文様刺繍二番水引（図29）の意匠はインド更紗に見られるような唐花で、蔓で結ばれています。恐らく鷹山の二番水引もこのような雰囲気の文様であり、同様のテクニックを使って刺繍をしたら近いものになるだろうと想像できます。

図30 鷹山 前懸の絨毯

図27のdの三番水引の場合、白地で大内桐《おおうちぎり》唐草の金襴と記されています。華山筆「祇園祭礼図巻」では、桐が蔓で結ばれている意匠になっています。大内桐唐草の意匠は、前田家伝来の名物裂の中にも見出せるもので「大内桐金襴」と通称されている特別な文様です。
このような水引の新調については、検討会を幾度も開催し、審議会での審議を経て、実際の制作をしていくと思います。
さらに前懸ですが『一式覚』には毛氈草花模様と書いてあります。毛氈とは絨毯のことです。現存品として放下《ほうか》鉾はインドまたはペルシャ製の、月鉾はトルコのアナトリアで作られた絨毯をお持ちです。
今回、鷹山が購入された絨毯は、トルコ製と推定される217ページの

図31　鷹山　後懸の絨毯

図30の図版のものでこれを実際に使われるということです。

　後懸は『一式覚』によると絨毯で蜀江《しょっこう》形の文様です。蜀江形とは中国に蜀江錦という織物があって、そのような八角形と四角形を繋いだ文様をいうものと思われます。鷹山が購入された絨毯は図31のもので、これはトルコで二十世紀中頃に作られたものです。

　胴懸は『一式覚』によると、やはり絨毯で蜀江形のデザインです。鷹山保存会はペルシャの工房の見本から幾何学文様の絨毯をすでに選定されました。鷹山の木部の設計が審議会を通過しますと、その本体がどのぐらいの大きさになるかがわかりますので、それが決定したら、そのサイズで工房に発注を出すという形で進んでいます。

　見送りについては、『一式覚』には花鳥の「縫結」とあります。縫結は多分「縫詰」の誤記ではないかと思われます。縫詰とは全面刺繍ということで、恐らく花鳥図で全面刺繍を施したものであったと想像します。もしそうだとすると、染織史上極めて重要な作品である可能性が高く、そのような品を鷹山さんはかつてお持ちだったようです。しかし染色家の皆川月華がすでに昭和六十一年（一九八六）、見送りを寄贈していますので、正式巡行にはそれが使われるということです。

鷹山保存会の皆さまは令和元年に、山鉾巡行への復帰が目前であることを示す「唐櫃《からびつ》巡行」という簡素な形で巡行に参加されました。そして新たに調えられた曳山の形で正式に巡行に復帰されるのは令和四年になる予定で、大いに期待されるところです。

トピック①

山鉾の本体と金工・漆工の保存修理

久保智康

❖山鉾修理の流れと考え方

祇園祭の山鉾は、祭りの前に組み立てられ、終わった後に解体されて、各部材は翌年まで蔵で保管される。祭りの後に実施される京都府・京都市の文化財担当者と祇園祭山鉾連合会の調査により、巡行中に起きた各部材の支障が確認される。山鉾は国の重要有形民俗文化財でもあるから、当該山鉾の保存会からの要望を受けて、補助金や保険も充当し、主に「小口修理」という形で事業化される。

その際はまず、筆者ら専門委員が該当する部材を実見し、具体的な修理方法を検討・提案して、それに基づいた見積りがなされる。その後、補助金等の見込みが付いた案件から、文化財修理の経験が豊富な技術者による施工の運びとなる。しかしその際も、修理の開始時と途中、そして終了時と必要に応じて、専門委員と山鉾連合会、府・市の担当者が、保存会の人たちと協議しながら監修に当たっている。

読者は、そのように煩雑な修理の流れがなぜ必要なのかと思われるかも知れない。祇園祭の山鉾は、江戸時代そして近代の工芸・大工の名工たちが、鉾町・山町の豊富な財力の裏付けを得て造り上げた美術工芸品だ。しかも古いものでは二〇〇年を越える歳月を経ており、美しくもその年輪を刻み、ほどよい古色を湛えている。したがって山鉾の修理には、まず美術工芸品の修理に準じた考え方に立つことが必要である。それは、「どこを直したかわからない修理」が望ましいということである。

新品のごとくぴかぴかにしてしまうことは、前段で述べた建造当初のすばらしい仕事を見えなくしてしまうということに等しい。漆塗替えや金具の再鍍金（金メッキ）は、普通にやれば古い塗膜や鍍金層を落としてしまうことが前提となり、それでは文化財の修理といえまい。保存会の人たちの多くもそれは望んでいない。

一方で、金具の鍍金の色がすすけたように汚れているのはいかがなものか。漆の塗装が大きく剥落していたら祭りでの印象がわるいだろう、といった意見も否定はできない。また山鉾は美術館に展示するものでなく、長い距離を巡行する「動く文化財」である。つまり修理するからには、動くこと、振動などに耐えるだけの強度を持たせなければならないのが美術品修理と違う点だろう。このようにベクトルの違う修理方針のどこでバランスをとるか、関係者の間で相当な議論、検討を重ねなければならないのが山鉾修理の難しいところである。

❖修理の具体的方法

山鉾本体を構成する木部は、車輪を含む構造材と屋根破風《はふ》や欄縁《らんぶち》といった装飾材に二大別される。何トンにも及ぶ重量を支え、巡行時の振動・ゆれによる歪みまでカバーする構造材は、木質そのものが劣化していない限り、現用材をできるだけ長く使う方がいい。そもそも木材は、適切な環境にあれば、年数がたつほど堅牢になる。むしろ予期せぬ事態は、新材に変えた時に起こることが多い。装飾材はなおのことである。いずれの部材も傷んだ部分のみを取り替えるという文化財建造物の修理方法が応用できる。ただ具体的な意匠を彫り表した彫刻装飾などは、部分的に欠落した箇所を補作すべきかどうかといった問題で意見が分

図1 函谷鉾破風板の修理前（⬅は亀裂部分）

かれることが多く、慎重な議論が必要となる。

装飾材は、多くが漆塗り、漆《うるし》箔《はく》（漆を塗って金箔を押す技法）が施され、その上に鍍金（金メッキ）を施した豪華な錺《かざり》金具が打たれる。漆塗装の修理は、木部の破損修理と同時に行うことが多い。例えば図1は、函谷鉾の破風板の大きな亀裂（矢印）の接合修理に伴い黒漆も塗り替えることにしたため、金具もすべて外した状況である。しかしそのような木部修理を伴わず、漆塗装そのものに多少の剥落や傷がある程度であれば、方法は全く変わってくる。祇園祭山鉾の漆塗装はおしなべて堅牢で良好な施工がなされているので、それを極力生かすのが望ましい。具体的には、表面を純水で拭き上げて汚れを落とし、目立つ剥落や傷はコクソ漆なども用いて繕いしてから、全体に拭き漆を何層も重ねて旧来の漆層の堅牢化と保護をはかる方法を推奨している。

金具の場合は、右のような木部・漆塗装の修理で外す機会があれば、その際に鍍金面を無水アルコールで拭き上げて汚れを落とす。それで落ちにくい汚れは、ソーダ系の薄い溶液で拭くと落ちる場合が多いが、きれいになりすぎないよう監修時にチェックする。もちろんアルカリ系液を用いるので湯に長時間浸し十分な洗浄を行い、改めて無水アルコールに浸して乾燥させる。最後に防錆剤入りの樹脂で薄くコーティングすることもある。

ちなみに、江戸時代にはまだ電気メッキはなく、水銀に金を溶かした金アマルガムを銅の器体に塗り、加熱して水銀を蒸発させ金層を銅表面に定着させるという、古代から行われた水銀鍍金がもっぱらだった。この方法は、厚い鍍金層を作れる反面、金を多く使うので経費がかかり、今日では水銀を扱うために施工できる工房がごく少ない。従来の金具修理における再鍍金は、緑青《ろくしょう》を生じて部分的に鍍金が落ち、銅地金が若干露出した程度の軽い状態でも、金具全体を酸洗いして元の鍍金を全て落としてしまい、全面的に鍍金し直しをするというのが常識だった。最悪の場合、多額の経費をかけた当初の分厚い鍍金を酸で飛ばしてしまい、全面を安上

図2-1 長刀鉾・舞台天井の星宿金具

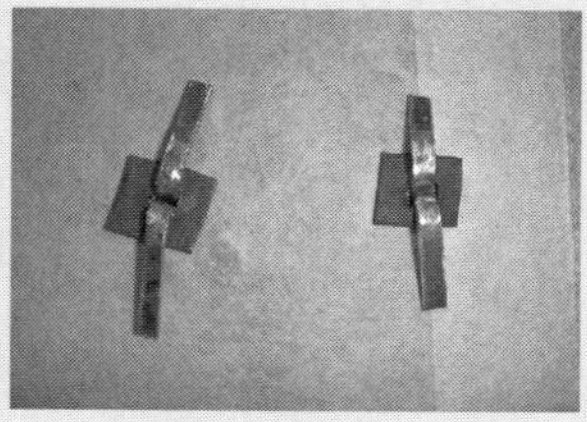
図2-2 星宿金具の地板裏、二枚割り足留め

図2-3 星宿金具 裏の割り足留めの折損

図2-4 割り足留め、足の鑞付け

がりの電気メッキで済ますという、文化財としては本末転倒の修理になってしまうことも少なくなかったのである。祇園祭山鉾をはじめとして筆者らが監修に当たる山車・曳山の金具修理では、全面再鍍金は原則的に行わず、前述のようにクリーニングするだけで、古い鍍金を極力残すことを基本としている。

ただし金具が破断したり、木部に取り付く足が折れたりしている場合は、相当に高度な修理が必要になる。再接合は一般的に鑞《ろう》付けという方法をとるが、作業時の熱で施工箇所近くの鍍金や着色が飛んでしまう。前ページの図2-1は長刀鉾の舞台天井の星宿（星座）をかたどった鍍銀金具である。傷んだ緋羅紗の地裂《きれ》を貼り替える際に星金具を外さざるを得ず、地板に通して曲げ留めた二枚割り足（図2-2）を板から抜くべく真っすぐに戻したところ、いくつかが折れてしまった（図2-3）。鑞付けで足を再接合する際に、その熱で本体表面の鍍銀が損なわれることが予想されたので、星本体を水で冷却しながら鑞付けするという高難度の作業を試み、無事成功した（図2-4）。

状況的に鑞付けをせざるを得ず、鍍金が飛ぶことを避けられない場合は接合後、部分的に鍍金を加えるという特殊な修理方法をとる。図3-1は長刀鉾の欄縁の角を繋ぐ銓《せん》の軸を留める穴の外側が破断した状況である。破断した部分を再接合しても強度が保てないと判断し、もう少し小さい穴

図3-1 長刀鉾欄縁金具の留穴の破断状況

図3-2 別板を鑞付けして補う

図3-3 部分的に再鍍金し、完成

を設けた別板を新作して金具本体の三辺で鑞付けし、周囲の鍍金の一部がその熱で飛んだため、部分的な水銀鍍金を行い周囲に合わせた古色をかけて完成させた（図3-2・3）。

以上のように、山鉾の修理は、古いものを極力残し、必要な箇所をピンポイントで修理する。そして直した以上はそこが末永く巡行に耐えるだけのものにする。そのためには、常識にとらわれず、考えられる最善の方法を施工者と議論しながら進めていかねばならない。文化財の修理は、進化し続けているのである。

（京都国立博物館　名誉館員・祇園祭山鉾装飾品等専門委員）

トピック②

祇園祭山鉾連合会のあゆみ

岸本吉博

祇園祭山鉾連合会（以下、「連合会」と略す）は、大正十二年（一九二三）に京都市の修繕補助金を受けるための窓口として初めて組織された。以後、各山鉾町の間の調整機関として、また行政との連絡・交渉を担う団体として活動している。

現在、連合会では財団法人化（一九九二年）以前の事業や会計に関する書類の十分な精査がなされていないことから、その設立の経緯はよく分かっていない。しかし当初から、行政の補助金のみならず、八坂神社清々講社《せいせいこうしゃ》の助成金分配の受け皿として、さらには行政や各山鉾町との連絡調整役として出来たものであると推察できる。

その後、昭和二十五年（一九五〇）の文化財保護法により、同二十七年に助成の措置を講ずべき無形文化財「祇園祭」に選定され、国の助成措置を受けられるようになった。同三十七年に重要有形民俗資料「祇園祭山鉾二九基」（後に重要有形民俗文化財に移行）、さらには同五十四年に重要無形民俗文化財「祇園祭の山鉾行事」に指定され、国や京都府・京都市などの補助がより受けやすくなり、その調整・折衝と補助金の分配に組織としての力を発揮してきた。

その他にも、平成二十一年（二〇〇九）にユネスコ無形文化遺産に単独登録された後、同二十八年に他の全国三三の重要無形民俗文化財に指定されている山・鉾・屋台行事と共にユネスコ無形文化遺産に一括登録することに協力した。

さらには、国の重要有形・無形民俗文化財への指定に伴い、懸装品や工芸品の新調・復元・修理をするにしても文化財にふさわしいものとしなければならず、審議会（有識者による第三者機関）を設置することに道を開き、新調事業や修理事業に寄与している。

図1 旧明倫幼稚園

　時は移り、平成の世となり、国や京都府・京都市、さらには祇園祭協賛会などからの補助や支援を受けていながらも、観光客の増加に伴うゴミの問題、さらに人件費の高騰など、各山鉾町に経済的負担が強いられる状況にあった。しかしながら、山鉾連合会に事務局が無かったため、事務能力が著しく劣っており、祇園祭の規模や社会的価値に見合う活動ができなくなっていた。

　また、当時の山鉾連合会は恒常的に資金不足の状態にあったため、独自に資金調達をしなければならないと考え、企業からの寄付を広く募ろうとした。その結果、当然のこととして、財団法人化を求められるに至った。同時に、各山鉾町から連合会の事業や会計処理の透明性を高めることを強く要望されていたことから、財団法人化を急ぐ結果となった。

　平成四年（一九九二）に「財団法人祇園祭山鉾連合会」となり、その後間もなく事務局が立ち上がった。当初は放下鉾会所の二階に事務局を設けていたが、平成十一年に現在の旧明倫幼稚園の建物に移転し、本格的な活動に入った。

　平成六年（一九九四）、財団結成記念として京都文化博物館において「祇園祭大展―山鉾名宝を中心に―」を催した。同十年には京都市美術館において京都市自治百周年記念特別展「祇園祭の美―祭を支えた人と技―」も開催している。

連合会は、任意団体時代に『山町鉾町』という定期刊行物を刊行していたが、祇園祭の山鉾行事が国の重要有形・無形民俗文化財に指定されてからも、各山鉾町所有の懸装品や工芸品を含め全ての部材の調査研究を実施し、その成果を順次、出版物として発行している。それらの成果物は、各山鉾町だけでなく、文化庁・京都府・京都市・博物館・美術館・研究機関に配布している。

当連合会の仕事は、第一に山鉾行事の実施に関わる連絡調整及び後継者育成であり、第二は文化価値を普及するための広報・啓蒙活動、そして第三は諸史料の収集、整理と保存で、第四は山鉾の保存・修理・継承への支援などである。

その他、全国の山・鉾・屋台行事が加盟する「全国山・鉾・屋台保存連合会」の活動に参加し、その部会である「祭屋台等製作修理技術者会」にも積極的に協力している。この会は、山鉾等の製作修理に関わる伝統的な技術が、平成十四年（二〇〇二）に国の選定保存技術となり、それらの技術の維持向上に資するための保存団体である。その分野は、木工・彫刻・漆工・染

図2 連合会の打ち合わせ風景

織・金工・人形など、多岐にわたっている。

この様な組織としての事業を進めつつ、江戸時代末期の元治の大火（一八六四年）などにより「休み山・鉾」となっていた菊水鉾の復興（一九五三年）をはじめ、綾《あや》傘《がさ》鉾《ぼこ》（一九七九年）、蟷《とう》螂《ろう》山《やま》（一九八一年）、四条傘鉾（一九八八年）、そして大船鉾（二〇一四年）の復興を支援してきた。現在も鷹山の復興に全面協力しており、保存会は令和四年（二〇二二）に山鉾巡行への復帰を果たすことを目標として活動している。

また、諸般の事情により、昭和四十一年（一九六六）から後祭の山鉾が前祭との合同巡行となっていたが、平成二十六年（二〇一四）の大船鉾復興に合わせた形で前祭と分離し、後祭の復興に尽力した。

しかしながら、その影響で自主警備やゴミ処理、清掃活動に多額の出費を余儀なくされ、各山鉾町に連合会費以外に巡行協力金を要請しなければならず、大きな負担を強いることとなった。

平成二十四年（二〇一二）、連合会はより一層公益性を高めて社会的な信頼性の高い団体となるため、「公益財団法人祇園祭山鉾連合会」となり、各山鉾町においても公益財団法人化の動きを加速した。また、前記の財政問題を解決するための一つの方策として同二十九年より「クラウドファンディング」を開始し、広く全国の人々に寄付をお願いする方針を打ち出した。

当連合会は古き良き伝統はしっかりと守りつつも、新しい時代に即応出来る柔軟でしなやかな運営を模索する組織でなければならない。

（公益財団法人祇園祭山鉾連合会 第五代理事長）

トピック③

ユネスコ無形文化遺産代表一覧表に二回記載された京都祇園祭の山鉾行事

村上忠喜

二〇一六年（平成二十八年）十二月「京都祇園祭の山鉾行事」を含めた、全国で三三件の山・鉾・屋台行事がユネスコ無形文化遺産の代表一覧表に記載された。北は青森県八戸の「八戸三社大祭の山車行事」から、南は熊本県八代の「八代妙見祭の神幸行事」に至る、地域色豊かで多様な山・鉾・屋台行事である。これは二〇〇九年に代表一覧表に記載された「京都祇園祭の山鉾行事」と「日立風流物」に、「秩父祭の屋台行事と神楽」「高山祭の屋台行事」「高岡御車山祭の御車山行事」など三一件の重要無形民俗文化財が加わって「山・鉾・屋台行事」として拡張提案されたものである。

ユネスコ無形文化遺産保護に関する条約（以後「無形文化遺産保護条約」という）は、二〇〇三年のユネスコ総会において承認され、締約国が三〇カ国に達した三カ月後の二〇〇六年四月二十日に発効した。無形の文化的所産を公的に保護することを法定したのは、一九五〇年（昭和二十五年）に制定された日本の文化財保護法が世界で最も早い法律である。そうしたこともあって、無形文化遺産保護条約の制定や履行に関して、日本は主導的な立場をとっていた。

各国からの提案を受けて代表一覧表の記載が行われたのは、実質二〇〇九年が最初であるので、「京都祇園祭の山鉾行事」は最初の提案案件のひとつでもあったのである。文化庁と外務省が共管で、ユネスコ事務局へ提案書類が提出されたのは、二〇〇八年の九月であった。その下準備を京都市と京都府、そして祇園祭山鉾連合会とで進めたのである。ユネスコ事務局への提案フォーマットは提出期限の二カ月ほど前まで決まらなかったという状況のもと、我々はどのようなフォーマットが届いても対応できるように、二〇〇六年から約二年かけて調査を進めてそれに備えていた。

私は当時、京都市文化財保護課の民俗文化財担当技師であったので、この事業には主担当として関わった。大変な仕事であったが、やりがいも大いにあった。この時の各保存会の役員さんとの交渉や話し合いが、今の私の祇園祭研究の肥やしとなっていることは間違いない。

当時の祇園祭山鉾連合会理事長の深見茂氏は、祭礼行事の存続がいかに難しいものであるかということを、明治になって江戸の山車が全て消失したことを例によく語られていた。時の政治や社会情勢によって、祇園祭といえどもどうなるかわからぬ。よって少しでも祭りの存続に寄与できるならば、ユネスコ無形文化遺産という国際条約を利用したいという思いを語られた。ユネスコ無形文化遺産に記載されることを手放しで喜ぶのではなく、大仰に言うなら、権力や権威とうまく付き合う作法を熟知した、柔軟かつ強靭な京都人の精神を私は深見氏に見た気がした。

ユネスコ無形文化遺産の提案には、コミュニティーの同意が必要不可欠であることは当初から予想されていた。山鉾行事のコミュニティーは、祇園祭山鉾連合会？　それとも各保存会？　準備の過程で、山鉾連合会が各山鉾町に対してアンケートをとった。

その趣旨は、保存会が抱える現状の課題把握にあったが、同時にユネスコ無形文化遺産への期待もお聞きした。というのも、提案書には保存・管理の計画的な内容を要求されることが予想されたので、少しでも各保存会が抱える問題に対応できる計画を立てるべきと考えたからである。

回答には、数多くの課題や、連合会や行政に対する要望が記されていたものの、ユネスコ無形文化遺産に関してはあまり意見がなかった。それどころか記載に関しての積極的な賛意はなく、「これ以上の規制がかかるならそんなものはいらん」という意見もあったくらいである。実際には規制は一切生じないことを、逐一説明して回った記憶があるが、同様の意見は口頭でもいろんな方々からお聞きした。ずいぶんと醒めた意見が多かったのである。

行き過ぎた観光化の現状を嘆く意見は、どの保存会でも聞かれた。そうした中、祭りの本義を取り戻したい、もしそうしたことにユネスコ無形文化遺産が役立つのであれば期待したいという主旨の意見もあった。こうした慎重な態度は、さすが祇園祭である。

さて、ユネスコ無形文化遺産の代表一覧表に記載されたことで、祇園祭の山鉾行事は何か変わったのか？　よくなったのだろうか？　という問いに答えることは難しい。

大船鉾の復興には、ユネスコ無形文化遺産が精神的な拠り所になっていたということを、四条町大船鉾保存会の故松居理事長よりお聞きしたし、氏が書かれた文章も読ませていただいた（『京都ライオンズクラブ60周年記念誌』二〇一四年九月）。大船鉾の巡行復帰は二〇一四年（平成二十六年）、後祭復興と強く連動し、双方ともすこぶる大事業であった。そういった意味では、山鉾行事の〈新たな〉古儀回帰の事業に一役買ったともいえ、ユネスコ無形文化遺産もあながち無駄ではなかったのだと、少しばかり胸をなでおろすのである。

冒頭記したように、二〇〇九年に記載された「京都祇園祭の山鉾行事　Yamahoko, the float ceremony of the Kyoto Gion festival」は、二〇一六年に拡大提案されて「山・鉾・屋台行事　Yama, Hoko, Yatai, float Festivals in Japan」となった。祇園祭は世界的にみても稀な、二回も代表一覧表に記載された無形文化遺産である。それを記念して、ふたつの記載証の写しを掲載しておこう。

（京都産業大学文化学部教授）

図1 2009年記載証「京都祇園祭の山鉾行事」

図2 2016年記載証「山・鉾・屋台行事」

4章

祇園囃子の背景——太鼓・鉦・笛の調和

「コン・チキ・チン」の成立

山路興造
（京都市文化財保護審議会 委員）

はじめに

七月の声を聴くと同時に、京都の商店街には一斉に「コン・チキ・チン」の囃子が流れ出します。観光客にとっては楽しげで、心躍りする京都らしい囃子なのですが、京都人にとっては、夏の蒸し暑さの本格的襲来を告げる少し陰鬱な音でもあるのです。現在の祇園祭はこの日から始まります。

京都に都を定めて以来、盆地特有の冬の底冷えや、夏の蒸し暑さと引き替えに、四季の移ろいの美しさと、流れる水の清らかさを得ましたから、京都人にとっては文句はいえないのです。川の清らかさは水源が近いということです。それ故に梅雨の長雨や、夏の洪水は、疫病の蔓延を招きました。その対策として、平安貴族たちはさまざまな対策を講じましたが、結局は東山の祇園感神院（現八坂神社）と、内裏の南にあった神泉苑を結ぶ御霊会《ごりょうえ》の執行に頼みを託したのです。時代が下っても、下京住民や室町幕府も同様に、方法こそ異なりましたが祇園祭に、疫病の蔓延の鎮まることを託したのです。

一　「コン・チキ・チン」以前

現在も八坂神社の祭りは、三基の神輿渡御として残り、町衆の祭りは疫神を集めて巡行する山鉾行事として、多くの観光客を集めています。

「コン・チキ・チン」はその山鉾巡行に奏でられる囃子です。一度でもこの巡行を目にした者なら、この擬声語を聞いただけで、その華麗なる賑わいが頭に甦るはずです。

「コン・チキ・チン」はいずれも甲高く響く「鉦」の擬声音です。南北朝期に始まると思われる鉾の上の囃子には、必ずしもはじめから鉦が叩かれていたわけではありません。未だ実証は出来ていないのですが、現在の鉾の原型は、今日でも上京の御霊社などの祭礼に行われている「剣鉾」ではないかと私は考えています。図1は、十六世紀中頃の京都の情景を描いた「上杉本洛中洛外図屏風」に描かれた御霊社祭礼の「剣鉾」ですが、祇園社を氏神とする下京の祭礼にも、疫神を集める神座として、このような鉾を差し、氏子圏を廻って疫神を集めていたと考えられるのです。

鎌倉幕府を倒して上洛した足利氏は、京都に幕府を開きますが、戦乱が落ち着くと、新しい為政者として、下京住民が行っていた山・鉾の行列に、当時の流行芸能でもあった「女曲《くせ》舞《まい》」を演じる車付きの舞台（曲舞車）を加えたのではないかと考えます。巡行により華やかさを加えるための、新参為政者の市民に対する挨拶ではなかったかと思うのです。

当時、曲舞車の舞台上では、「賀歌」という奈良を本拠とした女曲舞師が芸能を演じたようです[※1]。山鉾行列に曲舞車が出たことは、当時の貴族の日記に書かれています。ただしこの車舞台上での女曲舞は南北朝期後半には中止されたようですが、「賀歌女」の末流が幕府に参上して、報酬を戴くという儀礼だけは、後々まで残っていました。

私は、この「曲舞車」の舞台の屋根に「剣鉾」を建てたのが、現在の「鉾車」だと思うのです。人が差す場合の「剣鉾」の鉾先は、左右均衡でなければなりませんが、車舞台の屋根に建てれば、その

図1 御霊社祭礼の剣鉾（上杉本洛中洛外図屏風 米沢市上杉博物館蔵）

必要はなくなり、揺れてキラキラ輝き、疫病の神座《かむくら》としての目印になればよいのです。「剣先」ではなく「長刀」「月」「菊水」などに意匠が変えられて、それぞれの鉾の特色を出したのでしょう。

車舞台の上の芸能も、「曲舞」から「羯鼓《かっこ》稚児（稚児曲舞[※2]）」の舞に変わったのだと思います。この鉾舞台上の羯鼓稚児の舞を囃したのが、鉦が入る以前の鉾の囃子です。以上の変遷は、状況的資料しかなく私の推論ですが、室町時代に入ると、少しは史料が出て来ます。その第一が次頁の図2です。

この図は東京国立博物館に所蔵される「月次祭礼図」と名付けられた屏風絵の模本の一部ですが、残念ながら実物は残らず、江戸時代に模写された六曲半双分が伝来しました。そのなかに祇園祭の一部が写実的に描かれているのです。この屏風絵の情景がいつ頃であるかについては、泉万里氏が詳細に観察して論証してくれました[※3]。その結果、応仁の乱以前の情景であると結論され、現在ではそれが定説となっています。

この図中には、鉾一基と船鉾が描かれていますが、鉾内の舞台前方中央に、素頭（無帽）の稚児が、胸の羯鼓を打って舞っています。囃子方は小鼓・笛・太鼓が描かれます。太鼓は薄めの鋲止め太鼓で、太鼓は持ち手と打ち手が別々です。なお、船鉾には人形だけで人間は乗っていません。

室町時代は猿楽能（能・狂言）の全盛時代で、その囃子の楽器は四拍子（小鼓・大鼓・笛〈能管〉・締め太鼓）です。

図2 鉾内の羯鼓稚児（月次祭礼図模本 東京国立博物館蔵 Image:TNM Image Archives）

図3 舞う羯鼓稚児（京洛月次風俗図扇面流屏風 光圓寺蔵）

一方室町時代には、風流系の囃子物も盛んでした。祇園祭の山鉾巡行に出る「綾傘鉾」と「四条傘鉾」がその典型です。現在は囃子に出入りがあって以前の姿が残っていませんが、本来この芸能にも、羯鼓稚児・棒振りなどが動き、小鼓・大皷《おおかわ》・笛（篠笛）・太鼓（太鼓打ち・太鼓持ちが分離）に鉦が打たれて囃します。

図2に描かれた稚児の芸能は何であるか、諸説があります。私は「稚児曲舞」ではないかと考えています。南北朝末期には、専門の「女曲舞」から「稚児曲舞（羯鼓稚児）」に変わったのではないかと考えるのです。本来の稚児曲舞の姿は能の「望月」などに残りますが、無帽に大口袴《おおぐちばかま》で、クセ謡を謡う以外に、腹に付けた羯鼓を打って舞ったようです。この図からは囃子物の羯鼓稚児という印象は受けません。現在でも祇園囃子には笛として、能管が使用されていることも一つの証左ではないかと思います。

図3は狩野元信印がある「京洛月次風俗図扇面流屏風」（京都市光圓寺蔵）の一面で、十六世紀中頃の祇園祭の鉾の中を描いています。羯鼓稚児が鉾舞台の正面に座すという姿ではなく、舞台の中心付近で舞っているのです。囃子は小鼓のみが描かれますが、笛や太鼓も演奏されていたはずです。この図では未だ羯鼓を打って舞う稚児曲舞の面影が残っているように思います。

二　「鉦」登場と鉾舞台の変化

次に鉾舞台の内部がはっきりと描かれた絵画資料は、図4のサントリー美術館蔵の「日吉山王・祇園祭礼図屏風」（以下サントリー本と略）です。一隻には祇園祭の行列が細かく描かれています。実はこの絵画資料で、初めて鉾舞台の囃子に「鉦」が登場するのです。図4では鉾舞台後方に二丁の鉦が描かれています。となると「コン・チキ・チン」にとって、この屏風絵の成立年代が重要な問題となるわけです。

この屏風の成立年代や注文主については、近年多くの見解が発表されています。所蔵するサントリー美術館の解説も、古くは江

図4　鉾での二丁の鉦（日吉山王・祇園祭礼図屏風　サントリー美術館蔵）

戸時代初期とされていましたが、近年では土佐光茂もしくはその工房の作品とし、十二代将軍の足利義晴（一五一一〜五〇）が制作に関与したという説を紹介しています。ということは十六世紀中頃の作品ということになるようです。

最近では八反裕太郎氏が、その著書『描かれた祇園祭』（思文閣出版　二〇一八年）のなかで、この屏風に「鉦」が描かれていることを根拠にして、この屏風が永禄四年（一五六一）以降の作品とする説を提出しています。というのは、イエズス会の宣教師ガスパル・ヴィレラが、永禄四年の祇園祭を見物して、その報告を書いており、そのなかには「車の中には大勢の稚児たちがいる。（それらの稚児たちは）歌ったり、太鼓や横笛を演奏している。」とありますが、「鉦」の記述がないという指摘です。この史料については、芸能史からす

図5　二人立ちの羯鼓稚児（日吉山王・祇園祭礼図屏風　サントリー美術館蔵）

図6　二人立ちの羯鼓稚児と鉦（洛中洛外図屏風　出光美術館蔵）

れば、鉦が未だなかったとしても、「歌」があったという方が気になります。未だ稚児の舞には謡（曲舞謡）が謡われていたのかも知れません。

図4の羯鼓稚児は、赤い大口袴に金の烏帽子をかむり、鼓二丁・笛二管・鉦二丁で囃されて舞っていますが、実は同じ姿の羯鼓稚児（大口袴は白）が、柱の陰にもう一人居ます。二人立ちなのです。このことは同じ屏風の図5によってはっきりと確認できます。この図では二人の羯鼓稚児が並んで描かれています。小鼓や笛・太鼓とともに、鉦打ちも一人居ます。

ある時期の祇園祭の鉾舞台には、二人の羯鼓稚児が乗っていたのです（サントリー本では描かれた鉾五基中、三基で確認できます）。この鉾舞台に羯鼓稚児が二人乗るということは、後述する図6の出光美術館蔵「祇園祭礼図屏風」（以下出光本と略）や、東京国立博物館所蔵の模本「洛中洛外図屏風」に描かれた鶏鉾でも、確かめることができます。

また、室町時代の有力な領国大名であった大内氏が、京都の祇園会を山口に移した時も、二人立ちの羯鼓稚児がそのまま移されており、江戸時代末期の『防長風土注進案』に、山口祇園会における二人立ちの羯鼓稚児舞のことが記されています。

図6の出光美術館蔵の「洛中洛外図屏風」は、早くから評価の高い作品で、慶長期（一五九六〜一六一五）の正統的狩野派による制作とされています。前述したようにこの図でも、二人立ちの稚児の

図7　舞台中央の禿柱を布で隠す（祇園祭礼絵巻　個人蔵）

舞を囃す笛と鉦が確認できます。稚児の姿はサントリー本に近く、この図の稚児の頭にも金烏帽子が載っています。その点でサントリー本と出光本は非常に似ている所が多いのですが、大きな違いもあります。それは鉾柱を支える構造が変化していることです。サントリー本までは現在の構造と同じように、鉾舞台の四隅から禿《かむろ》柱が斜め上方に出て鉾柱を支えるという構造でした。しかし出光本では鉾柱を支える禿柱が、鉾舞台の下から出ており、鉾舞台の中央部分が禿柱を隠すための大きな円錐状の布で覆われています。[※4] このような鉾の構造は、寛文年間（一六六〇年代）の制作とされる個人蔵「祇園祭礼絵巻」（図7）や、ほぼ同時代の永青文庫蔵の「祇園祭礼図巻」でもはっきり確認できます。

この構造ですと、四隅から出る禿柱はなくなりますが、舞台中央部分が使用できなくなり、稚児が羯鼓を打って舞う動きが制限されます。この鉾柱を支える構造の変化は重要です。

また、鼓打ちが描かれなくなるのも、出光本以降の変化です。この出光本の景観年代は、前述の八反氏の著書によって、文禄元年（一五九二）以降、慶長十九年（一六一四）以前と絞り込まれていますが、私としては羯鼓稚児の姿が、サントリー本に近いことから、文禄から慶長初期頃の景観を描くと考えたいところです。しかしそれでも、サントリー本と出光本の間には、三〇年以上の開きがあるわけです。

三 「鉦」は何故導入されたのか

鉦が永禄四年（一五六一）には未だなかったとしても、今のところ鉦が描かれた最古の絵画資料が、サントリー美術館蔵の「日吉山王・祇園祭礼図屏風」であることは確かです。まずこの屏風の景観年代を絞ることが重要になります。美術史家の間では、作者を土佐光茂かその工房とする説が支持されています。それを信じれば、光茂の没年が永禄十二年頃ですから、その生前となり、ガスパル・ヴィレラが見学した永禄四年以降、同十二年以前の七・八年の間に制作されたことになります。しかしこの論は、この作品に光茂が関係しているという絵画史側の論です。

私にとってはそれよりも、なぜこの時期に「鉦」が登場するのかということの方が重要です。本来、鉦舞台上の囃子は、羯鼓稚児が舞うための囃子であったと申しましたが、それならば鉦は必要ないはずです。鉦が入ったということは、羯鼓稚児舞の性格に変化が起り、囃子の性格が変わったということ

図8　やすらい花の羯鼓稚児（「舞と踊」個人蔵）

とにほかなりません。

「鉦」が描かれたサントリー本以後、稚児の姿にも変化が現れます。前述したように、稚児が頭に金烏帽子を被ることと、二人立ちの羯鼓稚児が登場することを考慮すると、本格的な稚児曲舞（羯鼓稚児の舞）が舞えなくなり、同時代に流行していた風流囃子物の羯鼓稚児の動きが導入されたということが考えられます。風流囃子物の羯鼓稚児は、通常二人が一組になります。また烏帽子をかぶります。その動作は羯鼓を打ちつつ跳ねるという感じです。京都で申しますと、今宮神社（京都市北区）などの「やすらい花」の羯鼓稚児の姿を思い浮かべて下さい（図8）。

祇園祭の山鉾巡行では「綾傘鉾」と「四条傘鉾」が風流囃子物なのですが、応仁の乱で巡行が途絶え、明応九年（一五〇〇）に復活して以降の傘鉾にも、稚児はいたはずです。ただし羯鼓稚児ではなく、手に御幣を持って肩車された稚児姿だったようです。[※5] が、二人一組の羯鼓稚児ではありません。鉾舞台で演じられていた南北朝期以来の曲舞系の羯鼓稚児舞が、時代遅れになり、同じ羯鼓稚児の芸であり、素人の少年でも演じられる風流囃子物系の芸態に変化したとも考えられるのです。このように考えれば、稚児が金烏帽子をかぶり、二人立ちになり、鉦が入ったという説明は付きます。サントリー本以降は、小鼓がいなくなるのもそのためでしょう。

この変化の背景には、やはり織田信長から豊臣秀吉へという時代の変化が、山鉾に与えた影響が大きくかかわっているように思います。鉾柱の支え方が変わる（鉾の構造が変わる）のも、それと関係するように思いますが、絵画資料だけでは変化を指摘するのみで、それ以上の論は展開できません。

江戸時代に入ると羯鼓稚児は正面中央にしっかりと位置し、動きは上半身を中心とした限定されたものになっていったようです。現在でもその動きを「太平の舞」と称していますから、羯鼓稚児の舞の片鱗は残しているのです。動きがなくなると、稚児の頭から金烏帽子が消え、花型冠に変わります。寛永期（一六二四～四四）後半制作の京都国立博物館蔵「祇園祭礼図屏風」や、前述した寛文期制作の「祇園祭祭礼絵巻」（図7）で確かめられます。江戸時代中期には天冠様です（図9参照）。現在のようなきらびやかな天冠になるのは、江戸時代の後期、稚児が人形に変わる頃かも知れません。函谷鉾には稚児を人形に変えた天保十

図9『祇園御霊会細記』の羯鼓稚児と祇園囃子

図10 船鉾（祇園祭礼絵巻 個人蔵）

年（一八三九）の稚児衣装一式が残っています。

この羯鼓稚児の位置固定と同じくして、鉾を進行させるための音頭取りが鉾の前に登場します。[※6] 鉦が入ったことにより、囃子の目的が変化したのだと思います。羯鼓稚児の舞を囃す囃子から、鉾を進行させるための囃子に変化したのです。ただし現在のように鉦が囃子の主役になったわけではなさそうです。鉦の数は一丁か二丁です。

また船鉾をはじめ、他の曳き山にも人間が乗るようになり、鉦を含めて囃子が入るようになるのもこの頃です。出光本まではそれがありませんが、元和期（一六一五～二四）後半の制作とされる林原美術館蔵の「洛中洛外図屛風」には、船鉾に人が乗り、鉦を叩いているところが描かれています。鉾や曳き山の構造がしっかりしてくるのでしょう。多くの人間が乗るようにもなります。図10として図7と同じ個人蔵「祇園祭礼絵巻」の船鉾の図を掲げておきます。

おわりに

それなら今日の如く囃子が「コン・チキ・チン」と形容できるまでに、鉦の数が増えるのはいつ頃からでしょうか。宝暦七年（一七五七）刊の「祇園御霊会細記」（図9）には、鉦三人・笛二人・締太鼓二人が描かれています。鉾舞台の中では囃し手の位置は特に決まっていなかったようでバラバラに描かれています。

図11　六丁の鉦が並ぶ菊水鉾の舞台（菊水鉾図　源鶴洲筆　菊水鉾保存会蔵）

図12　鉾舞台の様子（祇園祭礼図巻　横山華山筆）

それなら現在のように鉾舞台左側に鉦、右側に笛と位置が整然と決まるのはいつ頃からでしょうか。画証的には図11の文化三年（一八〇六）に源鶴洲が書いた「菊水鉾図」（菊水鉾保存会蔵）でしょう。六丁の鉦が並んでいます。しかし天保六～八年（一八三五～三七）頃に描いたとされる横山華山筆の「祇園祭礼図巻」（図12）では、鉾舞台内での囃子方は未だきっちりとはしていません。ただ元治元年（一八六四）のどんどん焼けで、全山鉾が焼失する以前の三二基が描かれた幕末の優品である「洛中洛外図屏風」（個人蔵）では、鉦と笛がきっちり分かれて描かれていますから、鉦が主役に聞こえる「コン・チキ・チン」の囃子が成立していたと考えてよいと思います。

なお、祇園囃子の鉦はもちろん耳でも聞きますが、そのリズムが目でも楽しめるところに特色があります。鉦すりから長く垂れる房が音と共に飛び跳ねるのです。鉦の音が揃うと、房の飛び跳ねるリズムが揃って目でも楽しめます。この工夫は明治の再興からのようです。図13は大船鉾を出す四条町の住人画家である幸野楳嶺《こうのばいれい》が、明治初頭に描いた図です。この絵では鉾の上に並んだ鉦打ちの鉦すりの柄から垂れる房が勢いよく躍っています。近代に入って鉾や曳き山が復興していく過程で工夫されたのでしょう。

図13 鉦すりの柄から垂れる房（凱旋船鉾図 幸野楳嶺筆 個人蔵）

※1 世阿弥の「五音」のなかに「今ハ曲舞ノ舞手絶エテ、女曲舞ノ賀歌ガ末流ナラデハ不残、祇園ノ会ノ車ノ上曲舞コノ家ナリ、」とあります。

※2 羯鼓を付けて舞う稚児の芸能は、能「望月」などに伝承されています。その姿は大口袴を着けますが無帽です。「望月」では一声を謡ってから羯鼓の芸に入ります。世阿弥が改作したとされる謡曲「丹後物狂」には「簓・八撥（羯鼓の異名）なんどはと申すことは、あの鉾のもと囃す京童の芸でこそ候へ」とあります。この記述から室町時代初期には、鉾舞台で羯鼓稚児の芸が行われていたことが証明できそうです。

※3 泉万里『中世屏風絵研究』（中央公論美術出版　二〇一三年刊）。

※4 なお一五二〇年代の制作と考証されています「町田本洛中洛外図屏風（歴博甲本）」や個人蔵の「祇園社大政所図屏風」などでは、鉾柱の頂上から四方に綱が垂らされ、それによって鉾の揺れを調整している場面が描かれています。鉾の大きさや時代によって、鉾柱の保持は一様ではなかったようです。

※5 サントリー本では大傘の頂きに鶏を飾った綾傘鉾の一行に稚児らしき人物が一人描かれるが、羯鼓はないようです。記述は宝暦七年（一七五七）刊の「祇園御霊会細記」によります。

※6 御幣鉾の正面脇で御幣を振って音頭を取る男の姿が描かれる南蛮文化館蔵「洛中洛外図屏風」や、音頭取りが鉾の前面に立つY家蔵「洛中洛外図屏風」などがありますが、共に元和年間（一六一五～二四）の景観とされます。

祇園囃子と共に六三年　そして祇園囃子の今

（公益財団法人祇園祭山鉾連合会 副理事長　長刀鉾保存会評議員）
木村幾次郎

子供時代の祇園囃子の思い出

私は、昭和三十一年（一九五六）に祇園囃子の長刀鉾の囃子方として初めて参加いたしました。小学校二年の時でございます。ちょうどその年から山鉾巡行が御池通を巡行するようになりました。それ以前は松原通を巡行していたので、まわり方が反対まわりになりまして、寺町通を北行して御池通へ出ることになりました。いまも覚えておりますが、寺町三条のすき焼き屋・三嶋亭とかに道楽のところで山鉾を少し斜めにして向きを変えなければならず、なかなか進まないというのが子どもの頃の印象でした。それが五年ほど続きましたが、昭和三十六年に山鉾は寺町通ではなく、河原町通を巡行す

図1 御池通の山鉾巡行の様子（昭和33年7月17日）

図2 はしごで山鉾の舞台を上がり下りする（長刀鉾、昭和33年）

ることになりました。

また昭和三十一年から稚児の注連《しめ》縄切りが始まりました。その時は寺町通を北行し、寺町通に注連縄が張ってありました。稚児による注連縄切りは新しい行事で、昔からあったものではなかったのですが、山鉾巡行が新しく「観光」に変わっていく一つのかたちとして、注連縄切りを行ったのだと思っております。

上右の写真は私が囃子方に入った二年目の時のもので、御池通新町を南に向いているところです。当時、御池通には高い建物は全くありません。鉾上鉦方の左から二人目が私です。御池通にいっぱい人が来ていまして、ここで粽《ちまき》を撒いていました。粽を取りにここへ人が来られていた頃です。巡行は烏丸御池で解散し、山はすべてが烏丸通を下がっており、新町まで進んできたのは鉾だけでした。長刀鉾、函谷鉾、月鉾や新し

図3 二階稽古の様子（『祇園祭—町衆としきたり』祇園祭山鉾連合会 昭和54年）

くできた菊水《きくすい》鉾が写真に見えます。私が囃子方に入った頃は、真っすぐに立ったはしごで上り下りをしていました（前ページ上左の写真）。前を向いて降りられるような状況ではなく、非常に怖いものでした。

お稚児さんは強力さんが担いで鉾上に乗せ、今でははしごの途中で前を向いて皆さんにご披露をするということをしていますが、このはしごではとてもそんなことはできる状態ではありませんでした。ですからはしごが新しく変わってから、あのような行事が出来上がったのです。写真のような真っすぐ立っているはしごで上り下りをしていたのが私の子どもの頃です。また、鉾の中にはいっぱいに粽が載っていて、その粽をはしごから載せることが、子どもながらとても大変だったことを覚えております。

右の写真が昔の二階囃子の風景です。私が指導しているところですが、譜面を見ながら子どもたちが鉦を打つ。その後ろで先輩たちが手を持って鉦を教える、このような二階囃子というかたちで、長刀鉾の祇園囃子を子どもたちに教えていました。

お囃子にはもともと譜面というものがありませんでした。それで私が囃子方に入りました時、母が

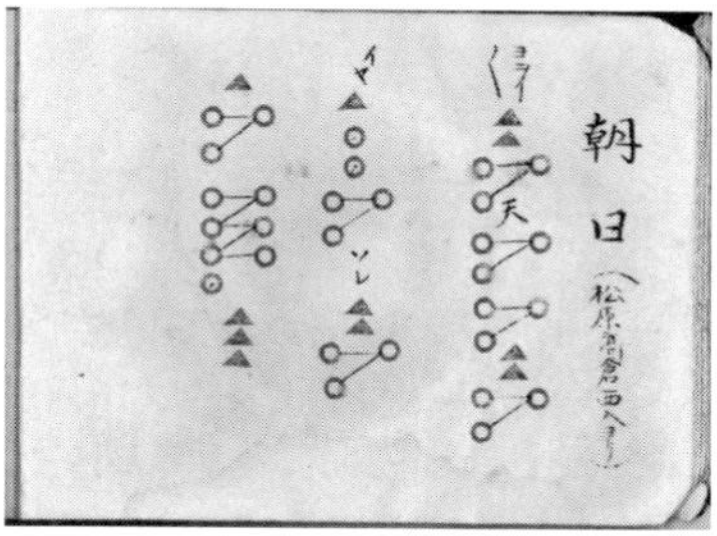

図4　昭和31年入会時の手書きの鉦の譜

手作りで上の図版の譜面を作りました。譜面がないため、私の先輩たちは家で各自こういうふうにして譜面を作ってきたのです。その先輩の譜面をもとに母が作ったものです。

この丸い赤の印は筆の反対側の竹の切り口で、はんこ状に「○」をついたものです。また「▲」の印は割りばしで三角を削って作ったもので、私の母親が書き写しました。こういうふうなものを譜面として用いたのです。

祇園囃子は、復興途中の鷹山の囃子を含めまして現在、一四の山鉾に伝承されております。綾傘《あやがさ》鉾と四条傘鉾は、昭和の復興時に歴史的な調査の結果をふまえて復元されたため、他の山鉾の祇園囃子とは違うものになっています。また長刀鉾には長刀鉾の囃子があるように、各山鉾それぞれに囃子が違います。各山鉾でたくさんの曲があるため、私たちも自分の山鉾の囃子でないということはわかりますが、これがどこの山鉾の囃子かというのは全くわかりません。

祇園囃子の道具――鉦・太鼓・笛

鉦や太鼓、笛、そして鉦すりや太鼓のばちを含めて「囃子の道具」といいますが、これらお囃子を奏でる道具について紹介します。まず太鼓は能楽に使うものと同じで、これを二つ使います。太鼓方は必ず練習の前に早く来て太鼓を締めなければならず、そのためなかなか太鼓方に入る人はおりません。ばちは個人持ちですが、太鼓は山鉾町のものを使っています。

笛は七つの穴の能管といわれる能楽に使う笛を使っています。竹でできたものが正式ですが、最近はプラスチックでできたものも優秀で用いています。

能管は調律ができていないので、一管ずつ音が違います。能管で合奏するというのは祇園囃子の一つの特徴だと思います。笛の音色には不協和音もあります。録音されたものを聞きますと「笛は何で音が全部違うのか」といわれますが、この微妙な不協和音が皆さんにとっては聞きごたえがあり、いい響きに聞こえるのだと思います。

鉦は非常に重たいものです。これでコンチキチンのリズムを奏でます。長刀鉾の囃子方には男性しかおりませんが、小学校四年生、およそ一〇歳の男の子から入会でき、子どもたちが入会しましたら必ず鉦方から入ります。その理由は鉦にしか譜面がなかったからです。太鼓と笛に関しては譜面はなく、とにかく先輩から見覚え、聞き覚えで覚えよといわれました。鉦にしても子どもの頃は「鉦すり」でこつんと頭をたたかれて「誰や間違うたん」といわれて怒られたものです。

手作りの譜面から新しい譜面の作成へ

囃子の曲の一つ『青葉』の譜面を見ますと「ソコジャチキチンチ、天チキチン、マダショチキチンチ、天チキチン」というようなことを書いてあります。鉦方はこれを覚えるわけです。現在長刀鉾では三〇数曲の鉦の曲が伝わっております。鉦を覚えるということは、これを全部覚えるということです。

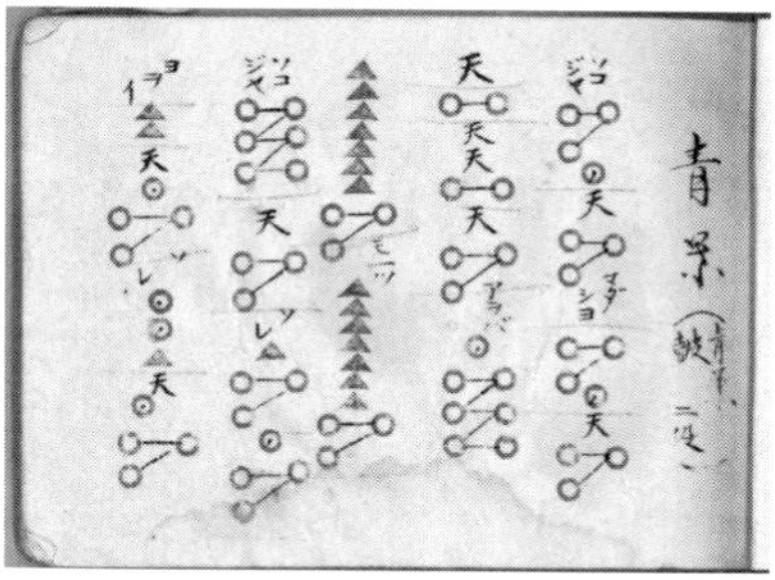
図5　手書きの鉦の譜『青葉』の譜面

昔は笛方は、お金を出してよそから来てもらっていたようです。本来、笛方と囃子方は違っていました。私たちの子どもの頃も笛方といわれる人は、鉦は全然出来なかったもので、特殊な位置づけでした。笛は高価なものであり、笛を持っている人が少なかったので、笛方をしていただく人はプロやセミプロの方にお願いをして、笛の演奏だけをやってもらっていた時代があります。

そのため平成七年（一九九五）に『青葉』の曲を含む全曲を、私たちの世代がワープロで太鼓と鉦と笛の新しい楽譜を作成しました。258ページの写真の一番右の行にある「右」や「左」と書いてあるのが太鼓

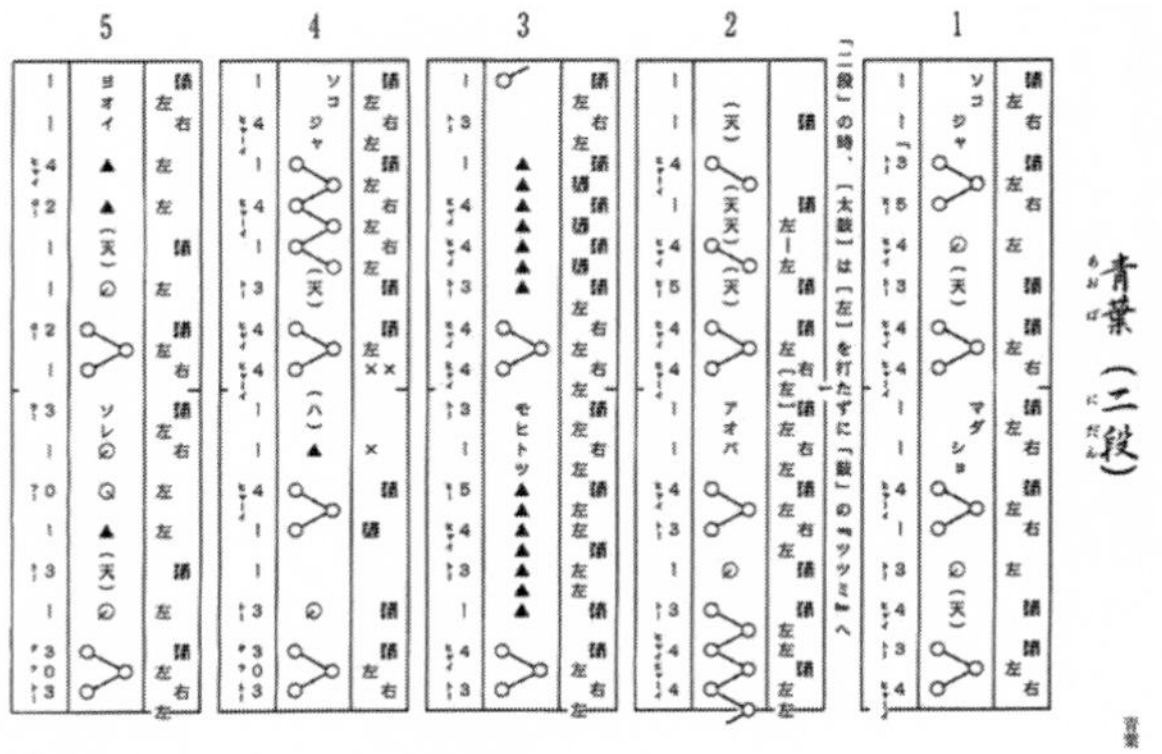

図6 囃子の譜（長刀鉾 平成7年版）

の打ち方です。白抜きの文字は強く打つ。そして普通に書いてあるところは普通に打つ、というような具合で練習をしています。また、真ん中の行は先述した鉦の譜です。一番左側の行は笛の譜で0、1、2、3、4、5、6と番号を打って指おさえを表わし、漢数字と算用数字で低音と高音を表しています。

この譜面は長刀鉾の祇園囃子を奏でるために作った譜面なので、ほかの山鉾の人に見せても囃子を奏でることはできません。他の山鉾の囃子は全く書き方が違いますし、特にこの鉦の印も長刀鉾では三角と丸ですがあくまでも長刀鉾だけの形であり、他の鉾では四角があったり、三角が三つ連なっていたりとか異なります。

このようにして長刀鉾のお囃子は、現在に伝承していっているのですが、子どもたちに教えるにあたって、祇園囃子を後世に必ず伝えなければならないために、このように楽譜を作成して、または録音をすることによって後世に残そうと頑張っております。

後世への祇園囃子の継承とその問題

左の図版は昭和十二年（一九三七）に初めて謄写版でできた楽譜です。その序言に「長刀鉾囃子トシテ昔時ヨリ傳來三十餘曲星霜ヲ經テ當今廢曲同樣ノモノ、短、抜、櫻、竹、夕部野長、新長、紅葉等、心外ノ至リ也、」とあります。残念ながら昭和十二年には廃曲になってしまって、全くわからなくなってしまった曲があるというのです。このようなことにならないために今、一生懸命に楽譜を作成して祇園囃子の曲を残すべく努力をしております。この昭和十二年時点にかろうじて鉦だけが残っている曲目がいくつかありました。それを最近、私と同年代の者が中心になって新しく復曲したこともあります。そのためこの曲を囃子として知っている方もおられないし、全く一から作ったといっても良いぐらいであって、復曲というよりも新曲に近いのかもしれません。

この長刀鉾の祇園囃子の曲目は昭和

序言

長刀鉾囃子トシテ昔時ヨリ傳來三十有餘曲星霜ヲ經テ當今廢曲同樣ノモノ短抜櫻竹夕部野長新長紅葉等心外ノ至リ也現在囃子モ或ハ誤點アリ曲譜一定セズ不肖四十年來囃子ヲ奉仕シ來リ甚ダ遺憾ニ堪ヘズ玆ニ古書ニ依リ誤點ヲ改訂シ曲譜ヲ編ミ光輝アル祇園長刀鉾囃子ヲ保存セントスル誠意ニ外ナラス

昭和十二年七月再發行

谷　直太郎

図7『長刀鉾 祇園囃子』（昭和12年　上:表紙、下:序文）

十二年に謄写版の譜面によって、これだけの曲はあったのですよということぐらいしかわかっておりません。そのため私たちは、このようなことにならないように譜面を残すべく、芸術大学の先生の協力を得て五線譜の楽譜にしていただいたこともあります。ただ五線譜では私たちが読めないのです。ですからそれはただ作ったというだけで、使うことも何することもできません。それでもやはり私たちは自らのやり方で次の世代に祇園囃子を伝えていくことをしなければならないと思っております。

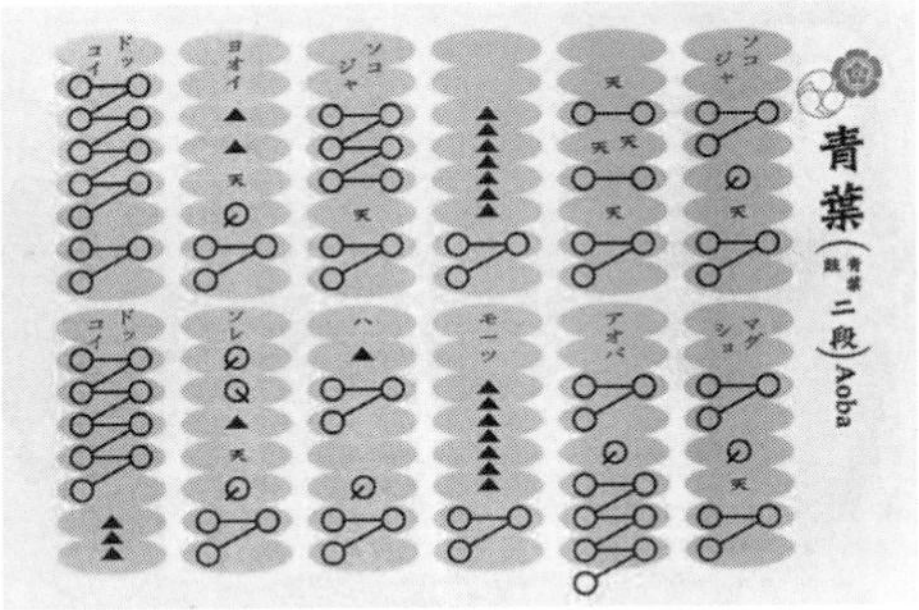

図8 囃子の譜（長刀鉾 平成20年版）

上の図版は現在使用している祇園囃子の譜面で、きれいな色分けにして作った譜面を子どもたちに渡して使っております。先にも紹介した『青葉』という曲で、記号などの背景に団子みたいなかたちの印がありますが、これは私たちが考案した譜面上での工夫です。祇園囃子は八拍子で出来ております。このことも譜面を作る時に八拍子に割るとちょうどうまくいけることがわかったのですが、それを当てはめていくとこのような譜面となったのです。このような譜面にしますと間合いやかけ声の長さ、拍子というものが非常によくわかるようになりました。

さらに色分けをして、赤の文字の「ソコジャ」「マダショ」「アオバ」とは、声に出して言うべきものです。それから「ハ」とか「天」とは、声に出して言うものではありません。「ハ」は一つの間、「天」は太鼓を打つということで、太鼓の「天」が一つの間合いになるという意味です。このようにして、現在の子どもたちによく理解できるように作っております。

この譜面を子どもたちに渡して、新しくこのようなかたちで囃子をするということを伝えるとともに、太鼓も笛も含めて録音をして音として残そうとしております。

ただ最近、残念なことは、新しい譜面ができたために子どもたちが囃子を覚えないようになってきたことです。鉾の上でも譜面を見ないと囃子を奏でられなくなってしまったのです。こうなりますと、この新しい譜面を作成したことが私たちにとって良かったのか悪かったのか、いま考えさせられているところです。

囃子は身体で覚える

やはりお囃子というのは、全て体で覚えることが大切で、そのために子どもの時から囃子方に入るわけです。ですから子どもたちが体で覚えてくれて、それで楽しいというところまで至ってもらうことが私たちの最終的な目的であり、かたちなのですが、残念ながら囃子の全部がこの譜面を見ないとできないようになってしまったら困ります。

長刀鉾では、現在一〇〇人近くの囃子方がおります。次の世代の人に伝える上においても、体で覚えるかたちで伝えていこうと意識しています。みんなが覚えてもらえる体制とし、そして囃子を行うほうも聞くほうも楽しくなるとはどういうことなのか、考えさせられている今日この頃です。

この頃は、いろいろなかたちで耳に入ることも大事なことだと思い、何回か録音を行いました。ただ録音したものや新しい譜面が今の若い人たちに何か頼られるものになってしまって、もう譜面を見たら何とかなるだろう、といわれるようなことになるのが、これからの囃子のことを思うと残念です。

体で覚えないと困ることの一つには、例えば鉦を完全にマスターしないと太鼓だけはどうしても打てないといったことがあります。これは打楽器の特徴で、鉦をマスターしてから太鼓方になります。そのためにもやはり鉦をマスターしてもらうということが大切なのですが、残念ながら近年は体で覚えない傾向にあるため、鉦を一〇年で卒業しますとみんな笛の方にいってしまいます。太鼓方に入る者が非常に少ないのです。

太鼓というのは鉦を指導する役目であり、また囃子を組み立て、囃子を自らのかたちに指揮していくという役目もあります。ですから太鼓方が一つのリーダーとしての役割を果たすのですが、太鼓方になってくれる人が少なく、ほぼ六～七割ぐらいの人が笛方になってしまいます。笛方というのは先述のように一種の職人的な存在であり、囃子を横からフォローするものですので、笛方が囃子をリードしたり、笛方がテンポを調整するということはできません。太鼓方が囃子を組み立て、リードしていくのです。私は現在、長刀鉾囃子方の太鼓を担当していますが、囃子における太鼓の面白さを本当に知ってもらいたいと思って取り組んでおります。しかし、なかなかそのような状況にはならないのが現在の祇園囃子の状況です。

祇園囃子は私たちの長刀鉾のみならず、函谷鉾など他の山鉾も一生懸命取り組んでおられます。どの山鉾も自分の町内の囃子が一番だと思っておられますし、そのためにどこの山鉾でも努力しておられ、長刀鉾もこの頃はお囃子を年間通じて練習しております。その点、私たちの子ども時分のお囃子の練習は、言ったら失礼ですが結構いい加減な部分もあり、大人たちは半分お酒を飲みながらやっていたものです。しかし最近は録音されて聞かれることがあり、後進の人たちに「何やこれ」といわれるのは片腹痛いので、真剣にお囃子の練習をするようになってきました。これは非常に良いことだと思います。

これから先、各山鉾ともさまざまな取り組みで祇園囃子を残していっていただくことが大事なことであると思っております。これからも皆さんが祇園祭の時、鉾の上から祇園囃子が流れてくるのを聞かれて「ああいいなあ」と思って聞いていただけることを願うものでございます。

トピック①

津和野の鷺舞

山路興造

山陽新幹線新山口駅で、特急スーパーおき号に乗り換えて約一時間、石見《いわみ》国津和野（現島根県津和野町）は、津和野川沿いに広がる美しい盆地にあります。江戸時代は亀井氏四万三千石の城下町として栄えた市街地は、山陰の小京都ともいわれ、街路の側溝に鯉が泳いでいることでも知られています。

この城下町の鎮守社は弥栄《やさか》神社（明治以前は祇園社）。七月二十日と二十七日の祭礼には、京都から伝承したといわれる鷺舞が演じられ、国の重要無形民俗文化財にも指定されています。かつて京都の祇園会で演じられていた鷺舞が、見事な姿でこの地に伝承されているのです。

図1 津和野の「鷺舞」

しかし、京都の祇園会で鷺舞が演じられていたのは、応仁の乱以前の後祭においてです。応仁の乱後の山鉾巡行復活（一五〇〇年）以降には、一度も演じられていないのです。なぜそんなに古い祇園祭の芸能が、津和野という小さな地方都市に残されているのでしょうか。

京都の祇園会の鷺舞は、南北朝期の公家の日記である『師守記《もろもりき》』に記されています。貞和四年(一三四八)六月十四日条で「今年笠鷺鉾无之」と見えるのです。この年はなかったというのですから、もう少し早い頃から演じられていたことになります。同六年の『新札往来』には「祇園御霊会、今年山済々、所々定鉾、大舎人鵲鉾、在地々神役、」とあって、「大舎人《おおとねり》鵲鉾《かささぎぼこ》」と記されています。当時は鷺舞ではなく「鵲(笠鷺)鉾」という名称で、「鵲」の趣向を眼目とした風流囃子物《ふりゅうはやしもの》であったようです。この鉾(鉾を中心とした囃子物)を出したのは「大舎人座」、即ち後に「西陣」と呼ばれる地に集住していた織物座の人びとだったのです。

室町時代に入ると、伏見宮貞成《さだふさ》親王の日記『看《かん》聞御記《もんぎょき》』に詳しい記事が出ています。永享八年(一四三六)六月十四日(祇園会後祭)条には、

> 祇薗会結構云々、公方無見物、早旦北畠笠鷺桙参、於屏中門之内令舞、練貫一、太刀一給、往昔於菊弟見物、再会目珍養眼、其後大舎人桙参、練貫一、太刀一被下、見物衆鼓操也、内裏就近所如此拍者推参、且珍重、

とあり、一条東洞院《ひがしのとういん》の屋敷に住んでいた貞成邸に、まず早朝に北畠の笠鷺鉾が来たというのです。貞成は若い頃に見たことを懐かしんでいますが、その後に今度は大舎人の鉾が来たようです。北畠の笠鷺鉾と、大舎人の鉾とが区別されて記されています。しかしこの二つの鉾は、ほぼ一緒に動いていたようです。

さらに永享十年六月十四日条では、「笠鷺雨中参、ぬれ〱舞、有其興。禄物練貫一、太刀一給、其後大舎衛参、禄同前、」とあって、この時

は、雨中に濡れながら舞ったのが趣向に叶って面白かったと書いています。北畠の笠鷺舞に時を置かずして、大舎人座の鉾も来たようです。本来笠鷺舞と大舎人鉾は一体の趣向であったようです。

　雨に濡れた笠鷺舞になぜ興があったか。この答えは、津和野の鷺舞の囃子歌に残っていました。現在津和野では、

　橋の上に降りた　鳥はなん鳥　かわささぎ《鵲》の
　　かわささぎの　ヤー
かわささぎ　鷺が橋を渡いた　鷺が橋を渡いた　時雨の雨に　濡れ鳥《(どーり)》　鳥《(とーり)》　ヤー　かわささぎ　鷺が橋を渡いた　鷺が橋を渡いた

と歌っています。この歌の一部は狂言の「煎物」という曲にも、祇園会の鷺舞の歌として残っており、現在でも狂言歌謡としても歌われています。

この歌の歌詞でもわかるように、本来の趣向は「鷺舞」ではなくて「鵲舞」であったのです。

　実は、豊臣秀吉が朝鮮半島に出兵する以前、日本人は「鵲」という鳥を知らなかったのです。日本にはいなかったからです。ただし、百人一首などで「鵲の渡せる橋に置く霜の」と詠まれた歌や、中国渡来の七夕伝説で、織姫と牽牛を逢わせるために、鵲が集まって天の川に橋を渡したという説話はよく知られていたのです。「鵲」が日本に渡来したのは、朝鮮半島出兵が機会であったようです。

　図2は、応仁の乱以前の祇園会を描いた「月次祭礼図模本」（東京国立博物館蔵）を、さらに江戸時代末期に速見春暁斎が『諸国絵図年中行事大成』という版本に転刻したものです。応仁の乱以前に祇園会の後祭を彩った「鵲舞」の実態がよくわかる図です。

　「鵲」を知らない当時の人びとは、鴨川などを飛ぶなじみの深い「鷺」の頭に、唐傘を差させて

図2　鷺舞の古図『諸国図会年中行事大成』より

「鵲（笠鷺）」としたのです。これが当時の風流の趣向として喜ばれたのです。風流傘の頂きにも、傘を頭に差した鷺が、赤い唐橋を渡る姿が飾られています。この傘を差している鷺の趣向から「時雨の雨」の歌が生まれ、囃されたのでしょう。

津和野の鷺舞には、この「鵲（笠鷺）」が橋を渡る歌は伝承しているのですが、大傘の頂きの趣向は伝承されませんでした。しかし鷺舞としてはしっかりと伝えられました。二羽の鷺を中心に、二人の羯鼓稚児（現在は大人の役）と棒振りが、古雅な囃子と歌によってゆっくりと動きます。囃子方は小鼓・笛・締太鼓・鉦・地謡の構成で、室町時代の旋律を残しています。

京都の祇園会で大舎人座が出した「鵲鉾」は、応仁の乱で途絶えましたが、ともに演じていた北畠の風流囃子物の「鷺舞」は、乱後も別の場所で残ったようです。

北畠というのは、相国寺（京都市上京区）の東側に位置した「散所」の名称です。室町時代を通じて、禁裏の左義長《さぎちょう》囃子などにも参勤していた声《しょう》聞師《もじ》の村です。彼らは応仁の乱以降も、宮中の正月十五日に行われる左義長囃子で「鷺舞」を演じていました。十六世紀中頃の作といわれる光圓寺（京都市下京区）所蔵の「京洛月次風俗図扇面流屏風」にその様子が描かれますが、鷺舞のみで、鵲

図3 左義長の鷺舞「京洛月次風俗図扇面流屏風」より 光圓寺蔵

の趣向や大傘はすでにありません（図3）。

それならなぜ、応仁の乱以前の京都祇園会の囃子物が、津和野に残っているのでしょうか。戦国大名の大内氏は、自分の居館のあった周防国（現山口県）山口に、京都文化を取り込むことに熱心でした。都市計画や寺院の配置など、山口で京都を模した都市づくりをしたかったようですが、その一環として、京都の祇園会の山鉾巡行を山口の町民に執行させたのです。山口の祇園会については、延徳四年（一四九二）に出された「大内氏壁書」（禁令）で、築地《ついじ》に登って見物することを禁じていますから、それ以前に遷されていたようです。鷺舞もその一部として取り入れていたのかもしれません。現在でも山口の祇園祭に伝承されています。

その山口の鷺舞が、さらに津和野に伝わったのです。京都から山口に遷された時期は不明ですが、山口から津和野への移転ははっきりしています。津和野の弥栄神社神主・桑原家蔵の「社家桑原家由緒書控」に、天文七年（一五三八）六月に祭礼が復活され、同十一年に新宮に御旅所を建造した時、鷺舞が初めて舞われたとあるからです。この時の津和野城主は吉見隆頼ですが、隆頼は大内義隆の姉を夫人に迎えており、大内氏と吉見氏は深い関係にあったのです。

しかし大内義隆はその十三年後に、家臣の陶晴《すえはる》賢《かた》に殺され、津和野城主吉見氏も毛利氏に従い萩に遷ります。その後、坂崎出羽守の居城となったこともありますが、元和三年（一六一七）には亀井氏が入部し、以後平安な城下町として明治を迎えました。その間、鷺舞は城下の旦那衆を中心に、しっかりと受け継がれてきたのです。

なお、津和野には正保元年（一六四四）に一度断絶した鷺舞を、亀井氏の命によって、二人の町人が京都に派遣され、習い直したという伝承があります。しかし、前述したように京都の祇園会には、応仁の乱以降鷺舞は出されていないのです。北畠の左義長囃子も、その後に桜町の声聞師や、大黒党などによって江戸時代にも引き継がれていた可能性はありますが、そこで鷺舞が演じられていたことは聞きません。

（京都市文化財保護審議会 委員）

トピック②

祇園祭ごみゼロ大作戦
―広がるリユース食器

太田航平

祇園囃子が響き、山鉾の駒形提灯にあかりが灯り、京都の夜が華やかに賑やかに活気づく祇園祭の宵山。街なかは昼間から交通規制がひかれ、夕方六時になると四条通や烏丸通なども歩行者天国に。数百を超える露店や私有地での仮設の露店がずらっと立ち並んでいる光景は、宵山の醍醐味のひとつとなってきた。狭い街なかに国内外から毎年、この宵山を目当てに数十万人が押し寄せるのだから圧巻だ。

街なかに広がる散乱ごみ（2012年7月16日）

しかし、来場者数に比例して課題となるのが廃棄物。足の踏み場に困るほどの散乱ごみや、山鉾と同じくらいうず高く積まれるごみ袋は、長い間〝宵山の当たり前の風景〟となってきていた。散乱したごみは、ごみを出していない町内のみなさんが夜を徹して清掃しているのである。

かつてはいろいろなところにごみの山が

大学進学で京都に来た私は、この宵山もひとつの楽しみとして山鉾町を訪れた際、「どうしてこういう状態になってしまうのだろう?」と課題の大きさに圧倒された記憶が今も蘇る。宵山をはじめとした体験から、私自身は大量生産・大量消費・大量廃棄の経済システムをシフトさせる仕組みづくりを市民の立場から行う必要性を強く感じ、中でもリデュース（発生抑制）／リユース（再使用）の2Rに特化した仕組みづくりをスタートさせるに至った。排出されたごみを何とかすることも大切だが、そもそもごみを出さない仕組みづくりへの挑戦である。

〝祇園祭のごみをなんとかしたい!〟という思いを元に、さまざまなお祭りやイベントごみの組成調査を繰り返した。その調査から容積の約六〜七割を占める使い捨て包装容器を取り除くことが出来ないか? との考えに至り、繰り返し何度も洗って使用出来る食器を「リユース食器」と名付け、その循環システムを構築してきた。また誰にでも分かりやすい「リユースマーク」をデザインし、それを通した啓発や資源の分別とリユース食器の返却をセットにしたエコステーションの設置などを計画的に展開することで、お祭りやイベントでの「ごみ」を「捨てる」から「分ける」、「食器」を「返却する」という行為のデザインが可能であるという実績を積み重ねてきた。

この活動の中では京都市との協働も多数行い、京都市主催イベントは早くから率先してリユース食器の導入を実施。その取組みを市内でのお祭りやイベント主催者にも拡げるために、京都市は「京都市エコイベント実施要綱」を策定し、リユース食器の導入経費に助成等を行うに至っている。

これらの丹念な実績や市民の認知を背景に、市民／事業者／行政のパートナーシップのもと実行委員会（現在は一般社団法人）を立ち上げたのは、後祭が復活する平成二十六年（二〇一四）のこと。

リユース食器を導入しごみの減量を達成

念願かなって宵山にリユース食器を導入する「祇園祭ごみゼロ大作戦」が実現したのである。具体的には、露店商の協力のもと、食品の一部（たこ焼きや焼きそば、お好み焼きなど）にこれまでに例の無い規模である約二一万食分のリユース食器を導入。また、当日ボランティアスタッフとして募集し全国から集まったのべ二二〇〇名のみなさんとともに、計画的に配置した約五〇カ所のエコステーションの設置を通して来場者への資源の分別呼びかけなどを展開。本取組みを通してこれまで宵山で排出されていた約六〇トンの燃やすごみを初年度は約三四トンにまで減量させることが出来たのである。その後現在に至るまで、ごみの大幅な減量のみならずこれまで課題となっていた散乱ごみの解決にも至ったことは大きな成果である。

当日のごみの組成を調査したところ、全体の廃棄物のうち、露店商由来のごみは約四割に留まっている。残り約六割はコンビニエンスストアやファストフード、私有地での仮設販売、来場者の持ち込みなどが占めていることを多くのみなさんは知らない。神事としての祇園祭からはごみはほとんど出てこないにもかかわらず、祇園祭に乗じて商売をしている事業者からのごみで、本来の祇園祭の美しさが損なわれてきたといっても過言ではない。さらにはその処理コストや清掃コストなどは、露店商はもちろんのことだが、町内も大きく負担しているのである。一一五〇年の歴史ある大切な祭がここ数十年の間で、廃棄物の観点からみると激変し、このままごみが増えるようならば祭自体の運営に支障が出るところまで追い詰められてきた。

祇園祭ごみゼロ大作戦は個人や団体からの寄付、企業からの協賛、京都市からの補助金などを活用し実施しているが、本来このごみに関連する諸費用は誰が負担すべきものだろうか。ボランティアスタッフの主体的な活動がなくともごみの無い持続可能な祭を築くための仕組みづくりが次の五〇年といわずとも早々に構築させなければならない課題なのである。

たくさんのボラティアスタッフに支えられるエコステーション

祇園祭ごみゼロ大作戦のボランティアスタッフには全国の自治体職員のみなさんや、市民グループが参加し、ここでの経験を持ち帰り活かしていただいている。大阪市の天神祭でも祇園祭での取組みを参考に「天神祭ごみゼロ大作戦」がスタートした。日本三大祭のうち二つの祭が本気でごみに向き合い、多くのステークホルダーを巻き込みながらその解決に向けて取組みを進めているのである。

祇園祭での取組みが全国の祭を変えていく。それだけ注目をいただける取組みに成長してきたからこそ、一人ひとりがごみから目を背けるのでなく、どうしたらこのごみを無くせるのかを考えて欲しい。それが祇園祭を支えることにもつながるのだ。

（一般社団法人祇園祭ごみゼロ大作戦 理事長）

トピック③

祇園祭から学ぶ社会の持続可能性
―こんちきジーズの取り組み

浅利美鈴

二〇一九年は、私たちにとっても特別な年となった。環境・持続可能性をキーワードに研究や教育、社会貢献活動を続けてきたが、これほどまでに贅沢なお題を与えてもらったことはないといっても過言ではないだろう。京都といえば、京都議定書や始末の心など、「ならでは」の素材に事欠かないが、どちらかというと、答えがはっきりしたテーマである。しかし、「祇園祭から環境・持続可能性について学ぶ」となると、いかにも大きい。そして実際に、私たちは簡単に出口が見つからない世界に踏み込んでいくことになる。

そもそものきっかけは、エコ〜るど京大（サステイナブルキャンパスの実現に向けた様々な検討と活動を展開する学生中心のネットワーク）の学生さんたちと、国連が掲げる「持続可能な開発目標（Sustainable Development Goals：SDGs）」の学習を始めたことにあった。持続可能な世界を実現するために、二〇三〇年までに達成すべき事項を一七目標にまとめたSDGs（図1）は、二〇一五年に採択され、国内外の様々な政策や活動への反映が進められている。エコ〜るど京大メンバーは、この学習を通じ

図1 国連の持続可能な開発目標（SDGs）の視点

て、いわゆる「水・ごみ・電気」といった古典的な環境問題だけでなく、幅広い社会問題に対する目を養うことができた。そんな折に、京都市の門川大作市長から頂いたテーマが「祇園祭」だったのだ。一一五〇年という長い年月にわたって続いてきた祇園祭は、二〇三〇年までというSDGsのコンセプトを、はるかに超える次元で持続可能性について考えさせてくれるテーマではないか。なぜこれだけの長きにわたり、祇園祭が続いてきたのかがわかれば、社会の持続可能性についてのヒントが得られるのではないか。そうして、京都大学（エコ〜るど京大）及び京都市により、二〇一九年（平成三十一年・令和元年）一月にプロジェクトが立ち上がった。

プロジェクト名称は「こんちきジーズ　〜祇園祭から学ぶ持続可能性。SDGsの先へ〜」。コンチキチンとSDGsをかけたものだが、ロゴ（図2）は祇園祭の関係者三〇人からの文字を集めて構成した大変貴重なものとなっている。

具体的なプロジェクトの内容に移ろう。柱となったのは、二〇一九年五月から同年十二月にかけて実施した、大学生と社会人によるグループ探求活動である。公募等により集まった社会人と学生計約七〇名が、祇園祭やSDGsについての基礎的な学習を行いながら、グループごとに活動テーマを設定し（図3）、調査や検討を行った。タイトルを眺めて頂くだけでも、ユニークなグループ活動が展開されたことを拝察頂けるだろう。紙面の制約により、一つひとつ取り上げることはできないし、能力の限界により、適切に集約することも

祇園祭創始1150年記念プロジェクト
こんちきジーズ
〜祇園祭から学ぶ持続可能性。SDGsの先へ〜

図2 関係者による文字を一つにした「こんちきジーズ」のロゴ

1 班：技の継承～こんちきちんから学ぶ祇園祭千年の秘密～
2 班：祇園祭の“あつさ”
3 班：「動く美術館」としての山鉾の楽しみ方とは？
4 班：祇園祭の重力
5 班：祇園祭はどのようにして続いてきたのか？
6 班：守るべき伝統を魅せ方を変えることによって残す
7 班：祇園祭を軸とした次世代型鉾町コミュニティのあり方
8 班：女性と祇園祭の関わり方
9 班：祇園祭から学ぶ着物、ならびに浴衣の普及
10 班：会所解体新書 ―会所の役割と今後

図3 グループの活動テーマ

できないため、私見ではあるが、印象的だった点をご紹介したい。

　まず多くの班が指摘したのが「二〇〇〇年以上の祇園祭を振り変えると、必ずしも全ての物事を同じ形で継続させてきたわけではなく、変化してきたこともある」という点である。今は祭の象徴となっている山鉾の形状や素材、装飾品、さらには運営・維持のための体制や物理的環境に至るまで、時代の変遷に伴って、むしろ、しなやかに変化させてきたという方が適切かもしれない。だからこそ、祇園祭という一つの柱を通じて、時代を見ることもできるのだ。

　同時にこれを突き詰めると「では不変・普遍的なものとは何で、祇園祭とは何か」という問いに行きあたる。多くの班が、同じ問いに様々な取材や調査を通じて向き合うこととなった。例えば7班は「祇園祭は山鉾町の連合フェス」だと結論づけた。各保存会がそれぞれの山鉾の拠り所となる精神性・願い（異なるご神体・由緒）を守り続けるそれぞれの祭であると同時に、山鉾町同士の健全なライバル心により、競い合い助け合ってきたことが、継続の鍵となったと考察した。これは5班も類似の考察を行ったが、特に祭に携わっている方々への丁寧な調査から、歴史及び地域の一端を担っているという責任と充実感、祭に対する感謝と信心が、一人ひとりの中に育まれ、人により世

図4 こんちきジーズの仲間たち

代を超えて伝承されてきた側面を明らかにした。

SDGsを考える上での新たな視点も得られた。ジェンダー問題に向き合った8班は「祇園祭が男女平等に欠ける祭」とのイメージから出発したものの、調査や取材を通じて、祭の持続のために女性が果たしてきた役割の大きさや分担に気づきを得た。SDGsでは五つめのゴールに位置付けられる「ジェンダー平等」も、ゴールではなく手段であるべきだと結論づけた。

プロジェクトでは、SDGsの一八番目のゴールについても考えてきた。多くの方々から、様々なアイデアをお寄せ頂いた。中にはうなるようなもの、すぐにでもSDGsに加えたいものもある。

二〇二〇年になり、一区切りついたが、エコ～るど京大としては、二〇一九年に得られた知見に磨きをかけ、国内外に発信できる形に昇華していきたいと考えている。この場をお借りして、お世話になった祇園祭や京都市の関係者、参加者の皆様、エコ～るど京大メンバーに御礼申し上げると同時に、今後のご支援・ご指導もお願いしたい。

（京都大学大学院地球環境学堂准教授）

あとがき

京都市文化財保護課

祇園祭創始一一五〇年という節目の年を迎えるに当たり、記念事業の企画に取り組みだした私たちが、まず糸口として求めたことは、今から五〇年前、すなわち、祇園祭創始一一〇〇年にはどのようなことが行われていたのかという記録を探ることでした。手掛かりとなったのは、弊課に残されていた、昭和四十三年（一九六八）十一月十日の日付がある祇園祭創始一一〇〇年を記念した式典の薄いパンフレットでした。

そこで、当時の資料を紐解いてみますと、祇園祭山鉾連合会と京都市の主催による記念式典「祇園祭一一〇〇年　記念のつどい」が開催されていたことが分かりました。式典は、円山公園に隣接する、山鉾一〇基の収蔵施設「祇園祭山鉾館」の完工披露も兼ねており、そのため、式典に先立ち、午前一〇時から祇園祭山鉾館前で完工式が営まれています。その後、午後一時半から、京都会館（現ロームシアター京都）第一ホールを会場として行われた記念式典については、祇園祭山鉾連合会長と市長によるあいさつに始まり、祇園祭山鉾巡行功労者表彰、関係各位からの祝辞、記念催物という式次第が残されています。この時の表彰式では、市長表彰に一八名、祇園祭協賛会長表彰に四八名、市文化観光局長表彰に一九〇名、八坂神社宮司表彰に二三三名、祇園祭山鉾連合会長表彰に一七二名、計六六一名が表彰されています。記念催物も琴と管弦楽による交声曲「京都」の演奏、四代目井上八千代による京舞「倭文」、二世金剛巌による舞囃子「芦刈」と豪華な内容です。式典終了後には、京都会館別館（現京都市美術館別館）一階大集会室に会場を移し、祇園祭一一〇〇年記念パーティーも開催されました。

　私たちは、そのような五〇年前の式典を想像し、その華々しさに想いを馳せつつ、今回は趣を変え、祇園祭の関係者はもちろん、観衆である市民も含め祇園祭への理解を深めていただき、着実に次世代へと継承していくための取り組みにしたいと考えました。そこで、平成三十一年三月の関係団体代表者が一堂に会したキックオフを皮切りに、年間を通じた取り組みにするとともに、現代社会の大きな流れになっているＳＤＧｓが掲げる「誰一人取り残さない」を実践する企画にすることにしました。その一つが、多様な角度から祇園祭に迫る講演会を開催し、その内容を記録に残すというもので、これが、本書の刊行として結実しております。

　年間を通した記念事業は、想像以上に大変なものとなりました。一方で、普段は文化財という接点を通した見方に偏りがちな私たちに、新たな視点を与えてくれるものともなりました。この経験はこれからの文化財保護に必ずや活かせるものと確信しております。

この度の企画を進めていく中で、講演いただいた方に加え、多くの関係者の皆様から御寄稿、御協力いただくことができ、当初構想した以上に厚みのある内容になりましたことは誠に望外の喜びです。この場をお借りして皆様に厚く御礼申し上げます。

最後になりましたが、本書の企画・編集から刊行に至るまで、淡交社編集局の井上尚徳氏にはたいへんな御尽力をいただきました。心より御礼申し上げます。

令和二年三月

祇園祭の行事

1日～　吉符入　各山鉾町で関係者が会所等に集まり、神事の無事を祈ったり打合せを行ったりする。

1日　長刀鉾稚児お千度　山鉾で唯一、生稚児を乗せている長刀鉾が、町内一同で稚児を伴って八坂神社に参拝し、祭りの無事を祈願する。

2日　くじ取り式　各山鉾町の代表が京都市会の議場に集まり、市長立会いのもと、山鉾巡行の順番を決めるくじを引く。

5日　稚児舞披露　長刀鉾町の吉符入りの後、町会所で稚児と禿《かむろ》が町内の人々に初めて正式に紹介される。祭りの無事を祈願し、町会所の二階で稚児による「太平の舞」が披露される。

7日　綾傘鉾稚児社参　綾傘鉾の稚児(六人)が八坂神社に参拝し、祭りの無事を祈願する。

10日　お迎え提灯　神輿洗式の神輿を迎えるため、祇園万灯会による提灯行列が巡行する。

神輿洗式
八坂神社から、三基の神輿のうち、一基(中御座神輿)を飾り付けをしないままの姿で四条大橋まで舁き、鴨川から汲み上げた御神水で清める。

10~14日　前祭　山鉾建て
前祭の巡行に参加する山鉾町で、山や鉾が組み立てられる。
釘を一本も使わず、木組みと縄だけで部材を固定する、伝統的な技法が用いられ、三日かかるものもある。

13日　長刀鉾稚児社参
長刀鉾の稚児が八坂神社に参拝し、祭りの無事を祈願する。

久世《くぜ》稚児社参
神輿渡御で神輿の先導役を務める綾戸《あやと》國中《くなか》神社の稚児(二人)が、白馬に乗って八坂神社に参拝し、祭りの無事を祈願する。

14~16日　前祭　宵山
各山鉾町で山や鉾が飾られ、祇園囃子が奏でられる。
期間中に旧家や老舗等で秘蔵の屏風や書画等の美術品が披露される。これを「屏風祭」と呼ぶ。

16日　前祭　日和《ひより》神楽
翌日の前祭巡行の晴天を願い、前祭に参加する各山鉾町の囃子方が各町内から四条御旅所までを往復する。

17日　前祭　山鉾巡行
長刀鉾を先頭に二三基の山鉾が市内中心部を巡行する。
四条烏丸を出発し、四条河原町・河原町御池で辻回しを行い、新町御池に到る。

神幸祭・神輿渡御
八坂神社での神事の後、久世稚児を先頭に、御神宝捧持列が進み、三基の神輿と一基の子ども神輿が氏子地域を巡り、四条御旅所を目指す。

18〜21日　後祭　山鉾建て

後祭に参加する山鉾町で、山や鉾が組み立てられる。

21〜23日　後祭　宵山

各山鉾町で山や鉾が飾られ、祇園囃子が奏でられる。
期間中、旧家や老舗等で秘蔵の屏風や書画等の美術品が披露される。これを「屏風祭」と呼ぶ。

23日　後祭　日和神楽

翌日の後祭巡行の晴天を願い、後祭に参加する各山鉾町の囃子方が各町内から四条御旅所までを往復する。

24日　後祭　山鉾巡行

橋弁慶山を先頭に一一基の山鉾（唐櫃巡行の鷹山を含む）が、市内中心部を巡行する。
前祭とは逆回りに、烏丸御池を出発し、河原町御池・四条河原町で辻回しを行った後、四条烏丸を目指す。

花傘巡行

昭和四十一年、後祭の山鉾巡行が前祭の日に統合された際、後祭を伝承するために始まった、傘鉾や馬長《うまおさ》稚児、獅子舞、鷺踊等の行列。

還幸祭・神輿渡御

四条御旅所に奉安されていた三基の神輿が、氏子地域を巡行し、八坂神社に戻る。

28日　神輿洗式

10日の神輿洗式に同じ。

31日　疫神社《えきじんじゃ》夏越祭《なごしさい》

祇園祭の関係者が八坂神社境内の疫神社に参拝し、祭りの終了を報告する。鳥居に付けられた約二メートルの茅の輪をくぐって無病息災を祈願する。

◇写真・図版協力者一覧（五十音順）

〈個人〉
浅利美鈴、井上成哉、今中崇文、植木行宣、太田航平、河辺利晴、木村幾次郎、久保智康、下坂守、中西可奈、中野貴広、西川知孝、福井藤次郎、福原敏男、福持昌之、星野佑佳、松田彰、村上忠喜、守分和正、八木透、薬師洋行、山路興造、吉川忠男、吉田雅子

〈団体、諸機関〉
出光美術館、映像×文化×まなぶ・あそぶ研究会、郭巨山保存会、祇園祭山鉾連合会、今日庵文庫、サントリー美術館、㈱龍村美術織物、東京国立博物館、日本経済新聞社、八坂神社、米沢市上杉博物館

◇著者一覧

※五十音順。肩書・役職は講演当時のものです。

植木行宣（うえき　ゆきのぶ）

全国山・鉾・屋台保存連合会顧問、祇園祭山鉾装飾品等専門委員。一九三二年生まれ。京都府教育委員会文化財保護課職員、京都学園大学教授、文部科学省文化審議会専門委員（文化財分科会第四・第五専門調査会）等を歴任、現在に至る。著書に『山・鉾・屋台の祭り―風流の開花』、『植木行宣芸能文化史論集』三巻ほか多数。

木村幾次郎（きむら　いくじろう）

祇園祭山鉾連合会副理事長。一九四八年生まれ。一九五六年に長刀鉾囃子方に入会、鉦方を経て現在、太鼓方を担当。二〇〇八年に祇園祭山鉾連合会理事、長刀鉾保存会評議員となり、二〇一五年に祇園祭山鉾連合会副理事長となる。

仲林　亨（なかばやし　とおる）

八坂神社権禰宜。一九七九年生まれ。龍谷大学文学部卒業後、関西大学大学院文学研究科比較宗教学専修修士課程、皇學館大学神道学専攻科を修了、現職に至る。

福井藤次郎（ふくい　とうじろう）

祇園祭山鉾連合会副理事長、鈴鹿山維持会理事長。一九四九年生まれ。伝統的工芸品産業審議会委員、京都扇子団扇商工協同組合理事長等を歴任し、現在同協同組合顧問。二〇〇七年に黄綬褒章を受章。また一九九六年祇園祭山鉾連合会理事、副理事長に就任。

八木　透（やぎ　とおる）

佛教大学歴史学部教授。一九五五年生まれ。同志社大学文学部卒業後、佛教大学大学院博士課程満期退学。日本民俗学会元理事、京都民俗学会理事・事務局長、祇園祭綾傘鉾保存会理事、京都府・京都市文化財保護審議会委員ほか歴任。著書に『京のまつりと祈り』ほか多数。

山路興造（やまじ　こうぞう）

京都市文化財保護審議会委員。一九三九年生まれ。東京国立文化財研究所芸能部嘱託、平凡社資料センターを経て、京都市歴史資料館館長、藝能史研究会代表委員、民俗芸能学会代表理事などを歴任。著書に『京都 芸能と民俗の文化史』『近世芸能の胎動』ほか多数。

吉川忠男（よしかわ　ただお）

三若神輿会幹事長。一九六六年生まれ。同志社大学経済学部卒業後、会社員を経て、二〇一四年にサンケイデザイン株式会社の代表取締役に就任。一九九一年に三若神輿会に入会。神輿係などを経て二〇一三年に同会幹事長に就任する。

吉田孝次郎（よしだ　こうじろう）

祇園祭山鉾連合会顧問、武蔵野美術大学参与。一九三七年生まれ。一九六一年に武蔵野美術大学造形学部助手に就任、一九七二年に帰京し生家の京町家の復元改修に着手し、無名舎を設立する。また二〇一〇年から一五年まで祇園祭山鉾連合会理事長に就任。

吉田雅子（よしだ　まさこ）

京都市立芸術大学美術学部教授。京都大学人間・環境学研究科博士課程修了。博士（人間・環境学）。メトロポリタン美術館のリサーチフェロー、東華大学（旧中国紡織大学）の高級研究員を経て現職。国際染織学会（ＣＩＥＴＡ）などに所属。著書に『海のシルクロードの染織史』。

祇園祭創始一一五〇年記念

祇園祭 温故知新 ——神輿と山鉾を支える人と技

2020年4月7日　初版発行

監　修　京都市文化市民局文化財保護課
発行者　納屋嘉人
発行所　株式会社 淡交社
本社　〒603-8588 京都市北区堀川通鞍馬口上ル
営業　075-432-5151　　編集　075-432-5161
支社　〒162-0061 東京都新宿区市谷柳町39-1
営業　03-5269-7941　　編集　03-5269-1691
www.tankosha.co.jp
デザイン　鷺草デザイン事務所＋大津トモ子
印刷・製本　亜細亜印刷株式会社

ISBN978-4-473-04379-5